Regras do jogo

Cultura | *Volume 4*

Blucher

Regras do jogo
Fundamentos do design de jogos

Cultura | *Volume 4*

Katie Salen e Eric Zimmerman

design do livro e fotografia | Katie Salen

Título original
Rules of play: game design fundamentals

Regras do jogo: fundamentos do design de jogos
Volume 4: Cultura

2ª reimpressão - 2020

Tradução:
Edson Furmankiewicz

Revisão técnica:
Alan Richard da Luz

Blucher

Rua Pedroso Alvarenga, 1245, 4° andar
04531-934 - São Paulo - SP - Brasil
Tel.: 55 11 3078-5366
contato@blucher.com.br
www.blucher.com.br

Segundo o Novo Acordo Ortográfico, conforme 5. ed. do *Vocabulário Ortográfico da Língua Portuguesa*, Academia Brasileira de Letras, março de 2009.

FICHA CATALOGRÁFICA

Salen, Katie
Regras do jogo: fundamentos do design de jogos: cultura: volume 4 / Katie Salen e Eric Zimmerman; [tradução Edson Furmankiewicz]. - São Paulo: Blucher, 2012.

Título original: Rules of play: game design fundamentals.

Bibliografia.
ISBN 978-85-212-0629-3

1. Jogos por computador - Design 2. Jogos por computador - Programação I. Zimmerman, Eric. II. Título.

12-00626 CDD-794.81526

Índices para catálogo sistemático:
1. Jogos por computador: Design 794.81526

Àqueles para os quais o jogo é feito. Mr. Triggs, Tom Ockerse, H.F., e ao meu pai; Enid, Gil, Laura e Zach em agradecimento e amor.

Obrigado aos muitos indivíduos que cederam o seu tempo, conhecimento, apoio, amizade e ideias; aos designers e desenvolvedores de jogos que criaram o incrível corpo de trabalho que analisamos no decorrer de nosso estudo, incluindo Reiner Knizia, James Ernest, Kira Synder, Frank Lantz e Richard Garfield, que contribuíram fornecendo trabalho original para este volume; aos nossos destemidos leitores John Sharp, Frank Lantz, Henk van Assen, Ranjit Bhatnagar, Nancy Nowacek, Mark Owens, Peter Lee e Julian Kücklich; aos nossos próprios professores e alunos que ajudaram a inspirar clareza e criatividade; a Doug Sery e aos demais colaboradores do MIT Press e, principalmente, a nossas famílias e amigos, que esperaram pacientemente pela nossa presença no mundo real. Não poderíamos ter feito isso sem vocês.

Conteúdo

Volume 4: CULTURA

Volume 1: PRINCIPAIS CONCEITOS

Volume 2: REGRAS

Volume 3: INTERAÇÃO LÚDICA

APRESENTAÇÃO

Frank Lantz

Por centenas de anos, o campo do design de jogos tem se deixado levar pelo radar da cultura, produzindo obras de arte atemporais e magistrais desperdícios de tempo sem chamar muita atenção para si — sem, de fato, comportar-se como um verdadeiro "campo". De repente, impulsionado pelo *big bang* da tecnologia da computação, o design de jogos se tornou um grande negócio e fonte de algumas questões polêmicas sobre o futuro da arte e do entretenimento.

Ao abordar essas questões, a obra que você está segurando levanta algumas questões próprias. Aparentemente *Regras do jogo*, em seus quatro volumes, é calmo e razoável, dispondo cuidadosamente um amplo quadro teórico para a compreensão do campo do design de jogos. Mas, por trás dessa aparente calma, a obra realmente assume uma posição controversa em uma permanente e radical discussão sobre o que são os jogos e em que poderiam se tornar.

De fato, a partir de determinados ângulos, estes livros parecem ter a ardente impaciência de um manifesto. Qual é a natureza dessa impaciência? De certo modo é a frustração dos trabalhadores que são convidados a construir uma catedral usando apenas uma escova de dentes e um grampeador. Os jogos são bastante complexos, tanto em sua estrutura interna como nos diversos tipos de experiências de jogador que eles criam. Mas não existe nenhum conjunto integrado de ferramentas conceituais para refletir sobre os jogos. Até recentemente, se você fosse um designer de jogos interessado nos aspectos teóricos de seu campo, seria forçado a juntar uma série de perspectivas da sociologia, antropologia, psicologia e matemática, cada uma com sua visão tacanha, como o cego apalpando o elefante, e nenhuma considerando os jogos como um domínio criativo.

Mais recentemente, dentro do próprio campo surgiu uma Babel de metodologias concorrentes. A maioria tem um enfoque prático sobre as questões práticas do processo criativo do design de jogos; outras tentaram fundamentar suas ideias em um sistema teórico geral. Mas a impaciência que dá a estes livros seu tom de urgência subjacente é mais do que uma resposta ao nível subdesenvolvido do discurso nesse campo. Por que, afinal, o design de jogos precisa de uma referência teórica? Há algo mais do que *insight*, conhecimento e compreensão em jogo aqui.

Lembre-se de que os autores desta obra não são apenas acadêmicos examinando os jogos de fora; eles próprios são ativos praticantes. Como muitas pessoas que trabalham nesse campo, eles são movidos pelo sentimento de que, apesar do ritmo alucinante do recente progresso técnico e comercial, os jogos permaneceram criativamente atrofiados. Por um lado, há um enorme senso de capacidade, a possibilidade muito discutida de que os jogos poderiam substituir os filmes como forma de definir a cultura popular para o novo século. Por outro lado, existe a realidade das infinitas prateleiras de lojas de jogos com fantasias de poder adolescentes, personagens de cartoon estúpidos e simulações de esporte sem imaginação.

Para se ter uma ideia da noção do potencial que alimenta essa impaciência, considere os vastos tipos de experiência que os jogos podem produzir — redes complexas de desejo e prazer, ansiedade e alívio, curiosidade e conhecimento. Os jogos podem inspirar a mais alta forma de cognição cerebral e envolver a resposta física mais primitiva, muitas vezes simultaneamente. Os jogos podem ser puras abstrações formais ou empregar as mais ricas técnicas de representação possíveis. Os jogos são capazes de abordar os temas mais profundos da existência humana de uma maneira diferente de qualquer outra forma de comunicação — aberta, processual e colaborativa, pois podem ser infinitamente detalhados, apresentados com sofisticação e, não obstante, sempre sensíveis às escolhas e ações do jogador.

Mas onde estão os jogos que exploram essas diversas possibilidades? Em vez do rico espectro de prazeres que os jogos são capazes de fornecer, parece que estamos condenados a sofrer o constrangimento de conviver com variações de prazeres muito familiares, como correr e saltar, esconde-esconde e pega-pega, caça ao ovo de Páscoa, e polícia e ladrão. E o que aconteceu com a explosão de experimentação formal durante os primeiros dias dos jogos de computador? Por um tempo parecia que quase todo título era uma nova tentativa de responder à pergunta "O que se pode fazer com um computador?" Compare isso com a safra atual de jogos de computador, a maioria dos quais parece tentar responder à pergunta "O que você pode fazer enquanto controla um avatar circulando por um espaço tridimensional simulado?"

Isso então é o que está em jogo: uma enorme discrepância entre as possibilidades radicais contidas no meio e a realidade conservadora do desenvolvimento de jogos na grande indústria. E essa é razão por que *Regras do jogo* é mais do que uma análise conceitual do que os jogos fazem; é também um exame do que eles *podem* fazer e, por extensão, o que *deveriam* fazer.

Uma das implicações da abordagem de *Regras do jogo* do seu objeto de conhecimento é que a maneira correta de entender os jogos se dá a partir de uma perspectiva estética, da mesma forma que abordamos áreas como arquitetura, literatura ou cinema. Isso não deve ser confundido com o domínio da estética visual, que é simplesmente um aspecto do conteúdo criativo de um jogo. Como o cinema, que usa histórias dramáticas, composição visual, design de som e o complexo processo organizacional dinâmico de edição para a criação de uma única obra, o campo do design de jogos tem sua própria estética única.

Conforme estabelecido nas páginas dos quatro volumes, o domínio real do design de jogos é a estética de sistemas interativos. Mesmo antes de os computadores existirem, criar jogos significava criar sistemas dinâmicos para os jogadores habitarem. Todo jogo — do Pedra, Papel e Tesoura (ou joquempô) ao The Sims e além — é um espaço das possibilidades que os jogadores exploram. A definição desse espaço é o trabalho colaborativo do processo de design de jogos.

Regras do jogo talvez seja a primeira tentativa séria de estabelecer uma abordagem estética do design de sistemas interativos. No começo do século 21, os sistemas interativos nos cercam não apenas como a realidade material de nossas vidas, mas também como um modelo conceitual chave para a compreensão do mundo e nosso lugar nele, exatamente como os sistemas mecânicos foram para os vitorianos. Essa é uma razão pela qual a importância do projeto deste livro não deve ser subestimada.

Há uma perspectiva de oposição razoável ao que eu tenho imputado aos autores de *Regras do jogo*. É algo assim: toda essa conversa sobre estética cheira a pretensão e autoexaltação. Jogos são recreação, seu objetivo é nos divertir, e não devemos esperar que eles atinjam níveis profundos de expressão criativa ou forcem incansavelmente os limites criativos. Eles são simplesmente lazer.

Não há muito que se possa dizer contra esse argumento, exceto destacar que a cultura pop tem uma maneira surpreendente de se mover entre o trivial e o profundo. O inofensivo desperdício de tempo para uma pessoa pode ser uma tentativa de transcendência para outra — os jogos são certamente um dos melhores exemplos de como o entretenimento está longe de ser simples. Em todo caso, o próprio argumento dá forma ao tema deste debate. Se muitas pessoas acreditam que os jogos são para ser diversão estúpida, então é isso que eles se tornarão. Se um número suficiente de pessoas acredita que os jogos são capazes de grandes coisas, então eles inevitavelmente vão evoluir e se desenvolver.

Sabemos que os jogos estão ficando muito maiores, muito rápidos. Mas é cedo demais para dizer exatamente a direção que sua evolução irá tomar. Nessa fase, todo o campo tem a energia imprevisível de algo enorme, equilibrada sobre uma linha fina, ainda vulnerável aos efeitos até mesmo de uma leve pressão. Sob o pretexto de examinar esse curioso objeto, os autores de *Regras do jogo* lhe dão um impulso vigoroso.

Naturalmente, se você está segurando este livro, também está ajudando.

PREFÁCIO

As pessoas adoram o Pong.

Elas adoram mesmo. Mas por quê?

De verdade. O que há para adorar? Não há muito no jogo: um par de raquetes que são duas barras brancas, movem-se em ambos os lados de uma tela preta, e uma bola quica entre elas; se você errar a bola, seu adversário ganha um ponto. O primeiro jogador a fazer quinze pontos ganha. Grande coisa. Mas apesar de sua simplicidade quase primitiva, o Pong cria uma interação significativa (*meaningful play*).

Em anos de videogame, o Pong é da idade da pedra. Originalmente criado por Ralph Baer para o sistema de videogame doméstico Magnavox Odyssey, em 1972 o Pong foi projetado em uma máquina arcade e em um console doméstico por Nolan Bushnell, criador do Atari. Não é exagero dizer que o Pong tornou-se uma sensação da noite para o dia. O primeiro protótipo foi lançado para o público em um bar chamado Andy Capp's, em Sunnyvale, Califórnia, perto da sede da Atari. Segundo historiadores de jogos de computador, a primeira noite em que o brilhante monitor e o gabinete de TV foram instalados em um canto do bar, os clientes ficaram intrigados, mas confusos. As únicas instruções que apareciam eram: *Avoid missing ball for high score (Evite perder a bola para obter uma alta pontuação).* Alguém familiarizado com as máquinas de pinball movidas a moedinhas de 25 centavos acabava introduzindo uma moeda e assistia a bola pular de um lado para outro enquanto os pontos eram contados. Depois de algumas tentativas, um dos jogadores finalmente batia com a raquete na bola e esta pulava com um convincente som de "pong". Isso era o suficiente para informar os jogadores o que fazer, e eles começavam a jogar. Até o final do primeiro jogo, ambos os jogadores já tinham aprendido a rebater a bola. No final da primeira noite, todos no bar já haviam tentado uma partida ou duas. Na manhã seguinte, formava-se uma fila fora do bar Andy Capp's: as pessoas mal podiam esperar para jogar o Pong.[1]

Ainda hoje, o Pong ainda está vivo e vai bem, obrigado. Você pode jogar Pong via emuladores e anúncios de banners da internet. Divertidas homenagens, como Battle Pong e Text Pong, prosperam na web. O Pong se destaca em mercados de segunda-mão de jogos clássicos e em convenções de fãs. Alguns anos atrás, a editora de jogos Infogrames lançou uma versão turbinada do Pong em 3D. Mais importante que isso é que ainda é divertido jogar o original. Quando o Super Pong Games IV no gameLab era ligado à TV, ele nunca deixava de reunir uma multidão.

Tudo isso nos remete à pergunta: Por quê? Por que as pessoas gostam tanto do Pong?

Embora esta não seja uma obra sobre Pong, ou jogos de computador e vídeo, é uma obra sobre design de jogos. É crucial para designers de jogos entender por que as pessoas jogam e por que alguns jogos são tão adorados. Por que as pessoas jogam Pong? Podemos pensar em muitas razões:

Pong | Atari

Ele é simples de jogar. As instruções on-line e o botão de interface intuitiva tornam o Pong acessível e fácil de entender. Não há recursos ocultos para destravar nem é preciso aprender movimentos especiais.

Cada partida é única. Como a bola pode viajar para qualquer lugar da tela, o Pong é um jogo ilimitado, com infinitas possibilidades. O Pong recompensa o jogador dedicado: é fácil de aprender, mas difícil de dominar.

É uma representação elegante. Acima de tudo, o Pong é uma representação de outro jogo: o tênis de mesa. A natureza abstrata do Pong, em que o seu avatar é reduzido a uma única linha branca, cria uma relação de imediata satisfação física e sensorial com o jogo.

É social. Requer dois jogadores. Brincando com o jogo, você interage com outro ser humano. O círculo social do Pong também se estende para além de dois jogadores: é um esporte de espectadores.

É divertido. Por mais simples que possa parecer, é realmente divertido interagir com o Pong. O prazer de jogar vem de diversos aspectos do jogo, desde o prazer da competição e vencer até a gratificante manipulação tátil do botão de controle.

Ele é legal. Como artefato cultural, o Pong é o jogo que melhor representa a atração pelos gráficos de baixa resolução dos clássicos jogos arcade. Ele evoca a nostalgia das tardes passadas na sala de estar com os amigos, reunidos em torno da TV jogando videogame, comendo pipoca e bebendo refrigerante.

As pessoas adoram Pong por todas essas razões e muitas mais. Os aspectos interativos, representacionais, sociais e culturais do Pong contribuem simultaneamente para a experiência do jogo. Os jogos são tão complexos quanto qualquer outra forma de artefato cultural; apreciá-los plenamente significa compreendê-los a partir de múltiplas perspectivas.

O Pong e os jogos de sua época fizeram algo revolucionário. Eles inverteram completamente a ideia da interatividade de uma única via da televisão, transformando espectadores em jogadores, permitindo que eles não só assistam a uma imagem, mas também *joguem* com ela. Essa comunicação eletrônica bidirecional envolvia jogadores em horas de significativa interação, alcançada pelo desenho de uma bola branca rebatendo de um lado a outro em uma tela preta simples. Embora o Pong fosse o produto de inovação técnica e de uma visão econômica única, ele também foi um ato de *design de jogos.*

Como designers de jogos, consideramos todas as implicações desse ato revolucionário? Será que realmente compreendemos o meio em que trabalhamos ou o campo do design a que pertencemos? Podemos articular o que de fato gera uma "interação significativa" em qualquer jogo, seja um videogame, um jogo de tabuleiro, palavras cruzadas ou uma competição atlética?

A verdade? Não ainda. Compare o design de jogos com outras formas de design, como a arquitetura ou o design gráfico. Por causa do seu status como disciplina emergente, o design de jogos ainda não se cristalizou como campo de investigação. Não tem uma seção própria na biblioteca ou livraria. Não é possível (com algumas exceções) graduar-se nesse campo. A cultura em geral ainda não considera os jogos como um empreendimento nobre, ou até mesmo particularmente útil. Os jogos são um dos mais antigos artefatos culturais para interatividade humana, mas por uma perspectiva do design, ainda não sabemos realmente o que são os jogos.

Nossa esperança é que esta obra informe e inspire as pessoas interessadas em desenhar jogos. Sua finalidade é ajudar designers de jogos a criar seus próprios jogos, seus próprios conceitos, suas próprias metodologias e estratégias de design. As ideias e exemplos que oferecemos representam um modo de olhar de perto os jogos, com espaço para mais no futuro. O Pong é apenas o começo.

É por isso que fomos obrigados a escrever esta obra: não definir, de uma vez por todas, o que é design de jogos, mas fornecer instrumentos importantes para entender jogos. Não para reivindicar e colonizar o terreno inexplorado do design de jogos, mas para investigar algumas das suas características para que outros designers de jogos possam embarcar em suas próprias expedições. Desejamos que esta obra seja um catalisador, um facilitador, um pontapé inicial. Considere esses conceitos e explore-os, rápida e significativamente, com o mesmo tipo de alegria que os jogadores do primeiro Pong devem ter sentido.

Estamos todos juntos nessa. Você está pronto para jogar?

Katie Salen e Eric Zimmerman, Nova York, maio de 2003

Notas

1. Scott Cohen, *Zap: The Rise and Fall of Atari* (New York: McGraw-Hill, 1984), p. 17.

PREFÁCIO À EDIÇÃO BRASILEIRA

Traz imensa felicidade para mim, designer gráfico e estudioso do design de jogos e dos videogames, fazer parte deste projeto: a tradução de uma das obras fundamentais em *game theory* e design de jogos. Zimmerman e Salen conseguem reunir as grandes questões do tema e falam em uma linguagem que tem alcance em larga escala. Construir um trabalho de peso como este, em um campo de estudo que sequer é uma unanimidade entre estudiosos (falo do design de jogos) requer fôlego e inteligência, paixão e ciência.

Os autores partem de uma abordagem clássica da teoria dos jogos, explicando a importância do jogo significativo, partindo para sua estrutura formal e pelo significado do que é o jogar, colocando então o jogo como objeto cultural, influenciando e sendo influenciado pela sociedade. Este caminho demonstra a importância dos jogos (sempre, desde que o homem é homem) e traz uma metodologia cristalina para o entendimento do fenômeno "jogar".

A abordagem em toda a obra pela busca do "jogo significativo" vai ao encontro de uma das vocações fundamentais do próprio design: a criação de significados. A experiência determinada pelo jogar nunca é projetada diretamente num jogo, em que somente atuamos no design de suas regras e estrutura visual e semântica. Entender profundamente o jogo e o jogar é definitivo para conseguirmos proporcionar a experiência da maneira mais significativa para o jogador, da maneira que planejamos.

Isto é o que torna esta obra fundamental. Ela discute os fundamentos do design de jogos de maneira lúcida, abrangente e ao mesmo tempo com profundidade, em uma metodologia que permite sua leitura por foco de interesse, como disciplinas que constroem um todo que é o design de jogos. Creio que esta abordagem única decorre do fato de os autores serem também eles designers de jogos, conseguindo desta maneira ajustar o foco da discussão conforme a conveniência, ora como designers, ora como estudiosos, conseguindo assim uma linguagem que coloca luz sobre os temas que compõem e definem o design de jogos.

Ao separar as questões nucleares do design de jogos de suas plataformas, os autores criam uma obra que serve como guia básico para desenvolvedores de jogos nos mais diversos meios, analógicos e digitais. O jogar é o mesmo, seja no seu console doméstico, seja no divertido jogo de tabuleiro. As experiências que o jogo traz é que devem ser levadas em conta, e essa experiência é interativa, o que a diferencia das mídias tradicionais.

Essa busca pela experiência do jogo significativo independe dessas plataformas; ao trazer a discussão dessa maneira, os autores contribuem para o entendimento do que é o próprio design, em seus conceitos mais básicos. Zimmerman e Salen criam assim uma rica discussão, questionando o que é um jogo, o que é design e o que é design de jogos em toda sua independência de plataformas ou mídias, mostrando que criar um jogo vai muito além de aprender uma ferramenta digital ou a manipular gráficos em 3D.

Da mesma maneira, e brilhantemente, eles não se esquecem dessas novas tecnologias e conseguem trazer e discutir as novas mídias no contexto das teorias clássicas dos jogos, colocando Huizinga cara a cara com os MMORPGs, dessa maneira, demonstrando como os conceitos básicos podem ser aplicados a essas novas tecnologias.

Outro motivo que torna essa obra fundamental: aqui se discutem os fundamentos do design de jogos. Dividida em quarto grandes unidades: principais conceitos, regras, jogar e cultura, a obra consegue assim abordar o design de jogos de maneira clara e oferece tanto ao estúdio do design quanto ao desenvolvedor uma metodologia para entender e construir trabalhos em design de jogos que sejam coerentes tanto com os preceitos do design quanto da teoria dos jogos.

Muitos jogos digitais nos dias de hoje fracassam justamente por conta de seus desenvolvedores não conhecerem esses fundamentos. Conhecê-los garante não somente a compreensão e aplicação para jogos tradicionais, mas permite enxergar além e inovar, pois, ao entendermos os preceitos básicos do design e separando a questão *jogar* da questão *plataforma*, conseguimos usar a tecnologia para proporcionar as experiências planejadas, buscando a tecnologia certa para expressar o conceito e não o contrário.

Outra questão importante que justifica este projeto é a atual posição do Brasil no mundo dos desenvolvedores. Temos vários estúdios brasileiros que trabalham comissionados a grandes *publishers* internacionais, temos estúdios de fora que começam a enxergar o potencial do Brasil nessa área e instalam bases aqui e ainda o sucesso das agências que resolveram investir em desenvolvimento de *advert games*, em que encontramos maturidade e um grande campo de trabalho.

Cursos em design de jogos, nos mais diversos formatos, aparecem e se cristalizam, e a criação de uma bibliografia em português se faz necessária e desejável. Cursos que trazem agora o design de jogos tanto como mote para o ensino de ferramentas técnicas, e também os que buscam o ensino de design de jogos em toda sua potencialidade. Tanto para o estudante do curso mais técnico quanto para o mais acadêmico, creio que esta obra tenha a mesma importância.

Espero que esta obra seja tão importante para sua formação quanto foi para a minha, e a de milhares de designers de jogos e estudiosos do assunto. Que seja não uma semente, mas um catalisador tanto para o surgimento de novos designers de jogos quanto de publicações nesta área. Boa leitura!

Alan Richard da Luz

Volume 4: **Cultura**

... a mídia nunca funciona em um vácuo. Jogar um jogo arcade é uma experiência muito diferente de jogar em casa ou como parte de um exercício de treinamento militar. O consumo da mídia ganha seu significado por meio da associação com uma série de outras atividades que constituem nossa vida cotidiana.

— **Henry Jenkins**, *"Lessons from Littleton: What Congress Doesn't Want to Hear About Youth and Media"*

Nenhum jogo é uma ilha.

Os jogos são sempre jogados em algum lugar, por alguém, por uma razão ou outra. Eles existem, em outras palavras, em um *contexto*, um ambiente cultural. O círculo mágico é um ambiente para o jogo, o espaço no qual as regras assumem um significado especial. Mas o círculo mágico em si existe dentro de um ambiente, a esfera maior da cultura em geral. Nos capítulos seguintes, continuaremos o nosso movimento para fora do centro do círculo mágico, para além das **REGRAS** e da **INTERAÇÃO LÚDICA,** no vasto e colorido espaço da **CULTURA.**

DEFININDO CULTURA

Virtua Fighter 4 | Sega | | Astroboy

cultura

contexto

refletindo a cultura

transformando a cultura

texto cultural

29

1. Deve haver uma bola: ela deve ser grande.
(Isto na expectativa visionária de Connie Hawkins e Julius Erving, cujas mãos reinventariam o basquete tão profundamente quanto as mãos de Jimi Hendrix reinventaram o rock.)
2. Não é permitido carregar a bola.
(Assim, atenuando os privilégios de possuir uma propriedade portável. A posse estendida da bola é uma virtude no futebol americano. A posse da bola no basquete nunca é uma propriedade; é sempre temporária e contingente a fazer algo mais com ela.)
3. Nenhum homem em qualquer equipe deve ser impedido de pegar a bola em qualquer momento no jogo.
(Assim, elimina a especialização do trabalho que existe no futebol, cujas regras impõem que apenas os jogadores em "posições competentes" podem tocar na bola. O resto só ajuda. No basquete, há habilidades específicas de cada posição, mas todos têm de correr, saltar, receber, arremessar, passar e defender.)
4. Ambas as equipes devem ocupar a mesma área, mas não deve haver contato pessoal.
(Assim, sem território rigoroso, nem recompensas por invadir com violência o território do seu oponente, a menos que você marque pontos. O modelo para o futebol americano é o drama das nações vizinhas em guerra. O modelo para o basquete é a coreografia cosmopolita das calçadas urbanas.)
5. O objetivo deve ser horizontal e elevado.
(O maior princípio jefersoniano de todos: O trabalho deve ser combinado com a aspiração. Para marcar pontos, você deve preparar seu caminho na quadra, mas também deve elevar-se! Ad astra).

— ***James Naismith's Guiding Principles of Basket-Ball, 1891***,
(Com comentário de Dave Hickey, em *Air Guitar*)

Introdução à cultura

Por que o crítico cultural Dave Hickey compararia uma regra sobre o tamanho de uma bola de basquete com as mãos de jogadores como Connie Hawkins e Julius Erving? O que ele quer dizer ao sugerir que o modelo de basquete é a "coreografia cosmopolita das calçadas urbanas" ou que o aro elevado é um princípio jefersoniano? Os comentários de Hickey sobre o *Guiding Principles of Basket-Ball* de James Naismith diferem do foco formal e experimental de **REGRAS** e de **INTERAÇÃO LÚDICA**. Seu interesse não está principalmente na estrutura formal do jogo, nem em que os jogadores experimentam quando jogam. Analisando as regras originais do jogo de basquete, o interesse de Hickey está situado não dentro do jogo, mas em outros lugares: nos espaços culturais em que o jogo está incorporado.

Grande parte da nossa ênfase tem sido, até agora, o espaço *dentro* do círculo mágico de um jogo. Ocasionalmente, em nossas explorações em **REGRAS** e **INTERAÇÃO LÚDICA,** arriscamo-nos até a fronteira do círculo mágico e demos passos hesitantes além dela. Consideramos, por exemplo, como a quebra das regras pode transformar jogadores em designers e como as relações sociais no mundo real impactam as relações sociais no espaço do jogo. Mas, e se continuássemos avançando no espaço além das fronteiras dos jogos? O que encontraríamos? O contexto do jogo, claro. Sabemos a partir da teoria dos sistemas que cada sistema tem um ambiente. Mas quais contextos constituem o ambiente de um jogo? Como os contextos culturais afetam a representação e a jogabilidade? Como os jogos, por sua vez, afetam os contextos culturais? Essas perguntas são o foco de nosso último conjunto de esquemas do design de jogos, as estruturas contextuais que conduzem o design de jogos ao reino ricamente texturizado da **CULTURA**.

Os esquemas contidos em **CULTURA** vão além das regras e do jogo para mapear as relações entre o círculo mágico e a cultura em geral. Em "The Heresy of Zone Defense", Hickey *não* está escrevendo sobre as regras do basquete, mas sobre os contextos culturais que essas regras representam e reinventam. Simplificando, os jogos são cultura. Escadas e escorregadores não é apenas uma atividade lúdica das crianças, mas um documento cultural com uma história rica, projetado para expressar uma doutrina religiosa de um determinado tempo e lugar. The Sims não é apenas uma simulação dos subúrbios, mas uma representação da interação cultural que se baseia em uma realidade ideológica localizada fora do âmbito do jogo real. As Olimpíadas não são apenas uma série de eventos esportivos, mas um complexo contexto no qual a política global infunde a ação dos jogos em muitos níveis. Todos os jogos fazem parte da cultura. Assim como qualquer jogo pode ser enquadrado em termos de suas qualidades formais ou de experiência, eles também podem ser enquadrados de acordo com seu status como objetos culturais.

Ao contrário dos esquemas em **REGRAS** e **INTERAÇÃO LÚDICA,** os esquemas culturais de design de jogos *não* derivam diretamente das qualidades internas e intrínsecas dos jogos, mas provêm da relação entre os jogos e os contextos maiores nos quais são jogados. Esses contextos podem ser ideológicos, práticos, políticos ou até mesmo físicos. Em todos os casos, os contextos existem separadamente dos jogos em si: o centro da cidade abandonado existe quer o beisebol de rua seja jogado ou não. Como nosso foco não está nas qualidades formais de um jogo ou em seus efeitos experimentais, existem muitas maneiras de abordar a análise cultural. Nesse sentido, os esquemas culturais que oferecemos representam apenas uma amostra das maneiras de enquadrar a relação entre o design de jogos e a cultura. Isso é verdade também para os esquemas apresentados em **REGRAS** e **INTERAÇÃO LÚDICA**, mas é especialmente pronunciado aqui. A cultura é aberta de modo inimitável e não temos dúvida de que novas perspectivas surgirão para enriquecer e ampliar os conceitos introduzidos.

Cultura: uma estrutura

Os jogos são objetos projetados que envolvem a cultura em vários níveis. Como sistemas de representação que *refletem a* cultura, que mostram imagens do gênero (pense em Barbie Fashion Designer, Duke Nukem ou Tomb Raider), bem como representações de raça e classe (Street Fighter II, State of Emergency ou Dope Wars). Nesse caso, as dimensões culturais de um jogo fazem parte do jogo em si, refletindo valores e ideologias dos contextos em volta. Como sistemas interativos, por outro lado, os jogos oferecem aos jogadores formas de participação que estendem as fronteiras do jogo *para além* das fronteiras do círculo mágico. Desde os objetos produzidos pelo jogador, tais como *skins* (temas), *mods* (extensões do jogo) ou *patches* (correções do software do jogo), até RPGs nos quais os jogadores exploram e alteram sua identidade pessoal, os jogos têm o potencial de *transformar* a cultura. Essas transformações culturais surgem do jogo para ganhar vida própria fora da estrutura do jogo.

Essa habilidade dos jogos de afetar os contextos em que eles são jogados representa um exemplo cultural da *interação lúdica transformadora*. Como observamos em ***Definindo interação lúdica***, a interação lúdica transformadora ocorre quando o movimento livre da interação lúdica altera as estruturas mais rígidas onde ela ocorre. Um estilo que feminiza o mundo gótico fictício de DOOM, desarrumando o espaço com os objetos do animé Sailor Moon, é um exemplo de interação lúdica transformadora. Um jogo de futebol jogado entre duas nações rivais que leva a conflitos internacionais ou alianças culturais também é um interação lúdica transformadora. Assim é o design de um *patch* de jogo que preenche os espaços de bitmap de Tempest com membros encapuzados da Ku Klux Klan. Cada um desses exemplos de interação lúdica transformadora ocorre nos níveis formais e experimentais. Mas um recurso importante desses exemplos é a maneira como eles referenciam, influenciam e alteraram os contextos culturais além dos limites formais do jogo.

Essas duas formas de entender os jogos como cultura, *reflexão* e *transformação*, não são universais em todos os jogos. Acreditamos que todos os jogos *refletem a* cultura em algum grau, pois são objetos produzidos e jogados na cultura em geral. Mas nem todos os jogos manifestam o jogo cultural transformador para realmente *transformar a* cultura. Apenas alguns jogos transgridem o círculo mágico de tal forma a ter um efeito real sobre os contextos culturais nos quais são criados e jogados. Chegar a um entendimento de como os jogos podem refletir e transformar a cultura é o foco deste capítulo. Como os designers de jogos podem explorar as dimensões culturais dos jogos em conjunto com suas qualidades formais e experimentais? Quais são as capacidades reflexivas e transformadoras do design do jogo? Como exatamente os jogos são uma cultura? Um ponto de vista que os designers de jogos raramente endereçam, a conexão entre os jogos e os contextos culturais, reconhece o papel do designer de jogos ao moldar as próprias culturas nas quais vivemos.

Estruturas culturais: uma lista

De uma perspectiva do design de jogos, é crucial entender os tipos de estruturas culturais que seus jogos envolvem. Seu jogo representa um conjunto de atitudes e crenças do passado, como no The Sims histórico ou quase histórico, tal como Civilization, Age of Empires ou Descobridores de Catan? Seu jogo envolve o estilo e o comportamento de uma subcultura, como no conteúdo de *snowboard* para jovens do SSX Tricky e de Cool Boarders? Seu jogo desafia os estereótipos culturais na forma de Parappa the Rapper, oferecendo formas alternativas ou híbridas de representação dos personagens? Como todos os jogos podem ser considerados cultura, qualquer jogo que você criar terá qualidades culturais. Mas, não é suficiente simplesmente apontar que os jogos e a cultura podem afetar um ao outro. Em vez disso, precisamos olhar atentamente para os tipos específicos de relações que ocorrem entre eles.

Como fazer os jogos e a cultura se relacionarem? Vamos começar apurando o termo-chave deste esquema primário. A palavra "cultura" normalmente se refere a todo conhecimento e valor compartilhados por uma sociedade ou grupo e é frequentemente usada para se referir coletivamente a uma sociedade e ao seu modo de vida. Foi Edward Tylor, o antropólogo britânico do século XIX, quem originalmente propôs a definição contemporânea de cultura como o "pensamento e o comportamento humano padronizado socialmente".[1] Mas, como a cultura é um conceito complexo e aberto, há várias outras definições que podemos escolher. Por exemplo, considere esta lista aberta de definições de "cultura" compilada pelo antropólogo John H. Bodley, com base na obra de Tylor:

> *Tópica.* A cultura consiste em tudo em uma lista de tópicos ou categorias, tais como organização social, religião e economia.
>
> *Histórica.* Cultura é a herança social ou tradição transmitida às gerações futuras.
>
> *Comportamental.* A cultura é o comportamento humano compartilhado e aprendido, um modo de vida.

Agir | SPORK: Dê ao jogador à sua direita uma de suas fichas, se tiver alguma. **FOON:** Dê ao jogador à sua esquerda uma de suas fichas, se você tiver alguma.

Normativa. A cultura são os ideais, valores ou regras para a vida.

Funcional. Cultura é o modo como os humanos resolvem os problemas de adaptação ao meio ambiente ou como vivem juntos.

Mental. A cultura é um complexo de ideias, ou hábitos aprendidos, que inibem seus impulsos e diferencia pessoas de animais.

Estrutural. A cultura consiste em ideias, símbolos ou comportamentos padronizados e interligados.

Simbólica. A cultura é baseada em significados arbitrariamente atribuídos que são compartilhados por uma sociedade.[2]

Cada elemento dessa lista oferece uma definição possível para "cultura". Embora as listagens pareçam diferentes em perspectiva, cada uma envolve direta ou indiretamente os mesmos três componentes básicos: o que as pessoas pensam, o que fazem e os produtos materiais que produzem. Nenhuma dessas definições de cultura está correta ou incorreta. Na verdade, ao contrário de muitos outros termos-chave, não iremos propor uma única definição para o conceito de cultura. Existem tantas maneiras de estudar e compreender a "cultura" que uma definição solitária limitaria drasticamente o conceito.

Para o design de jogos, entendemos "cultura" de um modo que nos permite nos referir ao que existe fora do círculo mágico de um jogo, o ambiente ou o contexto no qual um jogo ocorre. Essa formulação ampla da cultura, como um contexto para as regras do jogo e a experiência do jogador, pode ser estruturada de várias maneiras, tais como a lista das definições acima. O contexto cultural de um jogo pode ser seu contexto histórico; ou o conjunto de valores ideológicos que ele reflete e transforma; ou a forma como o jogo se encaixa no estilo de vida de seus jogadores. Cultura é um conceito flexível e diversificado.

Lidar com as questões de cultura e do design do jogo é, portanto, bastante difícil. Sempre que se consideram os aspectos culturais de um jogo, é necessário definir exatamente o que se considera ser cultura.

Isso não significa, porém, que todas as leituras culturais dos jogos sejam igualmente úteis. Para um designer de jogos, o objetivo de uma análise cultural do jogo mantém-se fiel à busca básica deste livro: o design de interações lúdicas significativas. Investigar a identidade cultural de um jogo é simplesmente outra forma como os designers de jogos geram experiências de jogo bem-sucedidas. Concebida como um sistema de ideias, valores e comportamentos compartilhados, negociado e transformado ao longo do tempo, a cultura pode desempenhar um importante papel ao modelar o significado de um jogo. Entender os sistemas de significação que compõem o contexto em que seu jogo será jogado é fundamental para o design de interações lúdicas significativas. É por meio do jogo em si que as camadas de significado emergem e acumulam-se para dar forma à experiência de interação lúdica, dentro e fora do círculo mágico.

Significados culturais: alguns exemplos

Embora muitas facetas de uma experiência de jogo dependam das relações estabelecidas pelas estruturas formais e experimentais de um jogo, existem outras qualidades importantes que alcançam uma ressonância por meio da cultura. O "significado" de um jogo de dominó disputado em uma noite quente de verão em uma esquina do Brooklyn, por exemplo, ganha riqueza a partir de uma enorme gama de fatores contextuais: o ar quente e abafado que fornece uma proteção acústica perfeita para o ruído das peças de marfim sendo manipuladas, as posturas soltas e tranquilas de quatro homens de origem porto-riquenha reunidos em torno da mesa de jogo improvisada; a história bem conhecida do grande campeão que nunca perdeu uma partida, mas que agora está prestes a perder. Cada um desses fatores contextuais desempenha um papel ao qualificar o que o jogo *significa* em qualquer dado momento.

Desde o dominó e DigDug até o Pong e Pachinko, qualquer jogo admite muitos níveis diferentes de interação lúdica significativa. Mais do que meras regras e ação, todos os jogos envolvem uma série de estruturas culturais em que e contra as quais o jogo ocorre.

Desde as hierarquias sociais da participação de fãs até os espaços arquitetônicos onde os jogos acontecem, o que está "em jogo" na cultura afeta diretamente a experiência do jogo. Considere a seguinte passagem do livro *Word Freak* de Stefan Fatsis, no qual ele aponta algumas estruturas culturais em ação e em torno do jogo Scrabble:

Agir | **Todos os jogadores declaram suas respostas em voz alta** **SPORK:** Cite alguém de quem você gostava quando era uma criança

> Rosie O'Donnell fala regularmente sobre seu vício em Scrabble. Os intelectuais também o adoram. Em um breve comentário sobre as armadilhas para turistas na Flórida mítica, Garrison Keillor lista a Galeria da Fama internacional do Scrabble. O poema "sombra destruída" de Charles Bukowski termina com as linhas: "esse maldito / uísque é / ótimo. / vamos jogar / Scrabble. Vladimir Nabokov, em seu romance *Ada*, descreve um velho jogo russo considerado um precursor do Scrabble. O jogo é um camaleão cultural: um símbolo ridículo dos valores familiares da era Eisenhower, um substituto para a excentricidade, um passatempo tão cafona que é moderno.[3]

Artefato cultural pop ou passatempo intelectual? Símbolo da excentricidade ou símbolo do tragicamente moderno? Scrabble é todas essas coisas e muito mais, quando considerado de um ponto de vista cultural. O Scrabble aparece em tantos contextos culturais e interage com a cultura de tantas maneiras que apreciar todos os aspectos do jogo cultural do Scrabble seria uma tarefa impossível.

Qualquer jogo que estabelece uma forte presença na cultura imediatamente se envolve com inúmeras estruturas culturais. Veja o basquete, por exemplo. A quais contextos fora do círculo mágico o jogo se conecta? Poderíamos considerar os papéis dos jogadores, treinadores, árbitros, torcedores ou fãs, cada um afetando a identidade cultural e a experiência do jogo. É preciso considerar o contexto físico da arena, assim como os papéis dos revendedores, técnicos, cambistas e mascotes. E o contexto da mídia, incluindo locutores de rádio e televisão, jornais, transmissão via satélite e TV *pay-per--view*? Ou a economia que torna o jogo possível, desde as vendas de ingressos e camisetas licenciadas até a negociação de salários dos jogadores? Depois, há as organizações profissionais que regulam e administram o jogo. Para os fãs ou os jogadores do jogo, o basquete também pode ser um contexto para o estabelecimento do status social, a filiação do grupo, a identidade cultural ou o acesso a uma educação universitária. Cada um desses elementos contribui para o significado cultural global do jogo. Se jogadores e os espectadores percebem ou não, quando jogam ou assistem a um jogo, eles estão fazendo parte da geração, incorporação e transformação desses significados culturais. Esses significados não são fixos, mas estão sempre de alguma forma "em ação" nas estruturas culturais existentes.

Como sabemos dos capítulos anteriores, o jogo é o movimento livre nas estruturas mais rígidas. Reconhecer estruturas culturais que podem ser trazidas para a interação lúdica cultural de um jogo é uma estratégia poderosa do design. Grand Theft Auto III, por exemplo, joga com o mito da cultura criminal urbana e o gênero gângster de filmes; Jet Grind Radio oferece uma exposição do tipo ficção científica sobre as culturas do grafite e do skate. Silent Hill II, por outro lado, empresta dos gêneros horror e filme *noir* para sua interação lúdica cultural. Esse tipo de jogo pode unir as forças mais rígidas da convenção cultural com as qualidades soltas e poéticas da participação humana. Quando jogamos um jogo como o Jet Grind Radio ou o GTA III, não estamos apenas jogando com as regras do jogo: estamos também jogando com as regras e as convenções da cultura que os jogos refletem e transformam.

Textos culturais: tráfico de sinais

Nos esquemas de design do jogo anteriores, exploramos as maneiras pelas quais os jogos, como sistemas formais e experimentais, têm a capacidade de representar. No jogo Mafia, por exemplo, o gesto de mão silencioso de um assassino representa "matar!", e o ato de fechar os olhos de uma pessoa ao anoitecer marca um jogador como "aldeão". Esses atos de representação ocorrem dentro do espaço artificial do mundo do jogo e, apesar de a representação poder servir para simular algo no mundo real, ela só ganha seu valor primário dentro do espaço de sentido criado pelo jogo em si. Enquadramos os jogos como sendo capazes *de representar* fenômenos internos, bem como *sendo representações* como um todo.

O jogo Mafia representa internamente os mafiosos, os aldeões, o dia e a noite, e a morte. Em geral, é uma representação estilizada de uma aldeia lutando contra figuras mafiosas ocultas e sombrias.

Mas o que acontece se mudarmos nossa perspectiva de olhar a capacidade dos jogos *de representar* ou *como representações* para jogos como formas de *representação cultural*? Tal mudança exige considerar o jogo de fora para levar em conta as formas como podemos ler os jogos como objetos culturais por si mesmos, como objetos que *refletem* seus contextos culturais. Quando vemos os jogos dessa maneira, nós os consideramos como *textos culturais*.

Como designers de jogos, podemos considerar os jogos como textos culturais a fim de demonstrar como o *design* contribui para seu significado. O que no design do Mega Man da Capcom, por exemplo, incorpora plenamente a "boy culture" ("cultura dos meninos") e seu etos? Como os jogos projetados pelo New Games Movement representam os ideais utópicos socialmente baseados na comunidade? O design de jogos pode ser usado para representar as ideias e os fenômenos culturais existentes além do espaço do jogo. Veja Ms. Pac-Man, por exemplo. Do ponto de vista *interno* do jogo, o que Ms. Pac-Man representa? Poderíamos dizer que representa um avatar de um comedor de fantasmas ou poderíamos nos referir à história pregressa do jogo (*in-game backstory*) que conta como Pac-Man e Ms. Pac-Man se conheceram e se apaixonaram. Mas, se considerarmos Ms. Pac-Man de um ponto de vista cultural *externo* ao jogo, nossa leitura do personagem mudará drasticamente. Podemos ver Ms. Pac-Man como um ícone feminista poderoso e positivo, um sucessor superior para o Pac-Man original. Ou podemos vê-lo como um símbolo não feminista, um personagem derivado que torna um batom e uma tiara os equivalentes do sexo feminino. Podemos ver Ms. Pac-Man como um novo tipo de "celebridade" dos videogames, como um símbolo cada vez mais faminto pelo consumo capitalista ou a marca de um momento histórico em que o pop japonês transformou a cultura eletrônica global. Este processo de *interpretar* os jogos como objetos simbólicos, como textos culturais que refletem seus contextos, é uma maneira de entender os jogos como cultura.

Enquadrar os jogos como textos culturais traz uma perspectiva adicional à nossa apuração do termo *cultura*. O antropólogo Clifford Geertz escreve que "O homem é um animal suspenso em teias de significado que ele mesmo teceu... Vejo a cultura como sendo essas teias e sua análise, portanto, não é uma ciência experimental em busca de uma lei, mas uma interpretação em busca do significado".[4] Geertz compara os métodos de um antropólogo analisando a cultura com os de um crítico literário analisando um texto: "Classificar as estruturas de significação... e determinar seu fundamento e sentido sociais... Fazer uma etnografia é como tentar ler (no sentido de 'construir uma leitura de') um manuscrito".[5]

Esse conceito de "ler a cultura" vem das ciências sociais e, em especial, da disciplina da antropologia cultural e seu primo mais recente, os estudos culturais. A prática de ler a cultura refere-se ao potencial dos objetos, processos e fenômenos (como subculturas) de serem "lidos" como histórias ou narrativas. Essas histórias podem contar as relações políticas, como no caso de um jogo como Diplomacy, ou a ética e a moralidade, como em um jogo como Black & White. O status de um texto cultural pode até mesmo ser aplicado aos materiais formais dos jogos. Considere o design de um baralho de cartas. Popularizado na Europa durante os séculos XIV e XV, os quatro naipes representam as quatro classes da sociedade medieval: espadas, a nobreza; copas, o clero; ouros, os comerciantes; e paus, os camponeses.[6] Um baralho de cartas, portanto, pode ser "lido" como uma representação da sociedade em um determinado ponto da história.

É uma das tarefas dos cientistas sociais e humanistas ler esses textos culturais e formular estruturas que ajudem os designers de jogos a desenvolver estratégias para a criação e a análise dos jogos. O famoso ensaio de Clifford Geertz "Deep Play: Notes on the Balinese Cockfight", por exemplo, descreve ricamente como uma cultura é um conjunto de textos, dos quais os jogos são uma parte importante. O trabalho do estudioso da mídia Henry Jenkins com videogames e cultura dos fãs levou-o a depor no Congresso sobre os efeitos da violência na mídia, contrariando muitas suposições populares que definem a legislação vigente. O trabalho dos designers e educadores Amy Bruckman e Amy Jo Kim sobre MUDs e MOOs deu aos desenvolvedores de jogos novas estruturas dentro das quais considerar a criação de comunidades on-line. O trabalho de Brenda Laurel, especialmente seu livro recente *The Utopian Entrepreneur*, constantemente nos desafia a questionar nossas suposições culturais sobre como "lemos" os jogos de computador e outras facetas da cultura do computador. Embora nem toda pesquisa seja escrita a partir de uma perspectiva de design, ela pode oferecer uma visão tremenda sobre como o "significado" de um jogo surge da interseção de seus recursos formais, experimentais e culturais. Estar consciente de como os críticos e os estudiosos leem a cultura do jogo faz parte de ser um designer de jogos. Se você puder entender melhor seu próprio jogo como um texto cultural, estará mais bem equipado para projetar experiências poderosas para os jogadores em qualquer contexto encontrado em seu jogo.

Redefinição: localizando o design

Assim como existem infinitas maneiras de ler os jogos como cultura, existem inúmeras perspectivas a partir das quais entender o conceito da própria cultura. Concluímos com um enquadramento final da cultura, que retorna nosso foco diretamente para o design. O historiador de design Richard Buchanan define cultura como "uma atividade de ordenar, desordenar e reordenar na busca de compreensão e valores que orientem a ação".[7] A definição de Buchanan desafia e descentraliza muitas noções de bom senso sobre o design e a cultura. Como ele diz, o destino do design "não se encontra inteiramente na estrutura da cultura do design ou nas mãos de uns poucos indivíduos talentosos. Encontra-se na estrutura da cultura inteira".[8] A atividade de "ordenar, desordenar e reordenar" sugere que a prática do design é, acima de tudo, uma questão cultural.

Muitos designers de jogos evitam abordagens culturais em seu trabalho, preferindo métodos artesanais centrados que reprimem a existência de jogos em contextos culturais maiores. Você pode ou não optar por reconhecer que, como designer de jogos, você é um produtor de cultura. Você pode optar por confiar nas convenções culturais definidas pelos outros, convenções que são, na melhor das hipóteses, obstáculos à inovação e à visão, e, na pior, ideologias destrutivas ligadas ao racismo, sexismo e xenofobia.

Independentemente da sua abordagem, o status dos jogos como cultura não é algo a ser negociado ou debatido. São indiscutivelmente culturais. Como designer de jogos, é sua responsabilidade reconhecer esse fato e usá-lo em seu processo de design. O reconhecimento que você está criando no contexto da cultura pode tornar-se um recurso poderoso no design de jogos. Pode levar a novos públicos para seus jogos, novos tipos de conteúdo do jogo, novas formas de maldade e subversão, e novas formas para as pessoas jogarem. Se o seu objetivo é projetar um jogo verdadeiramente significativo para seus jogadores, seus jogos deverão ser eficazes em todos os níveis possíveis. Criar um jogo culturalmente significativo, o foco dos quatro esquemas a seguir, é tão importante quanto as regras ou a interação lúdica na execução bem-sucedida do design de jogos.

Escrever | **SPORK:** Escreva o nome de uma capital norte-americana. **FOON:** Escreva o nome de um estado dos EUA.

Notas

1. John H. Bodley, *Cultural Anthropology: Tribes, States, and the Global System* (Nova York: McGraw-Hill Higher Education, 1994), p. 171-72.
2. Ibid., p. 172.
3. Stefan Fatsis, *Word Freak: Heartbreak, Triumph, Genius, and Obsession in the World of Competitive Scrabble Players* (Boston: Houghton Mifflin, 2001), p. 4.
4. Clifford Geertz, "Emphasizing Interpretation". In *The Interpretation of Cultures* (Nova York: Basic Books, 1977), p. 4-5.
5. Ibid., p. 5.
6. E.M. Avedon and Brian Sutton Smith, *The Study of Games* (Nova York: Wiley, 1971), p. 240.
7. Richard Buchanan, "Branzi's Dilemma: Design in Contemporary Culture". In *Design: Pleasure or Responsibility?* eds. P. Takhokallio e S. Vihma (Helsinki: University of Art and Design Helsinki, 1995), p. 10.
8. Ibid., p. 10.

Definindo cultura

Resumo

- Considerar os jogos como cultura implica ir além das fronteiras do círculo mágico para considerar como os jogos interagem com os contextos que se encontram fora das regras reais e da interação lúdica do jogo em si.
- Ao contrário dos esquemas formais ou experimentais, os esquemas contextuais baseados na cultura não estão diretamente ligados às qualidades internas e intrínsecas dos jogos. Há várias maneiras de considerar os jogos como cultura.
- Todos os jogos **refletem** a cultura, reproduzindo aspectos de seus contextos culturais. Alguns jogos também **transformam** a cultura, agindo em seus contextos culturais para gerar uma verdadeira mudança.
- Um jogo que transforma seu contexto cultural é um exemplo cultural de **interação lúdica transformadora**. Neste caso, a "ação livre" cultural do jogo está alterando os contextos culturais mais rígidos nos quais o jogo está acontecendo.
- Há muitas definições de **cultura**. A maioria delas envolve direta ou indiretamente o que as pessoas pensam, o que fazem e os produtos materiais que produzem. Para nossos propósitos, a cultura é o que existe fora do círculo mágico, o contexto no qual o jogo ocorre.
- Além de entender que os jogos *podem representar* e que os jogos *são representações*, podemos enquadrar os jogos como *representações culturais*, refletindo os significados dos contextos onde são produzidos e jogados.
- Compreender os significados que compõem o contexto no qual seu jogo é jogado é fundamental para projetar uma interação lúdica significativa.
- Quando consideramos um jogo como uma representação cultural, estamos considerando o jogo como um **texto cultural**. Isto significa fazer uma leitura interpretativa de um jogo, semelhante às análises realizadas na antropologia cultural e nos estudos culturais.

JOGOS COMO RETÓRICA CULTURAL

30

Rockstar Games | | Futebol

- ideologia
- retóricas culturais
- contextos sociais para a aprendizagem cultural
- retóricas da interação lúdica
- interação lúdica cultural transformadora
- o New Games Movement

A Copa do Mundo, que começa na sexta-feira no Japão e na Coreia do Sul, será vista por bilhões de pessoas. A cobertura por satélite tem levado as melhores equipes do mundo a lugares mais distantes. Pessoas em Shenyang ou Cartum, que não têm ideia de que Manchester é uma cidade na Inglaterra, agora torcem pelo Manchester United. Uma estátua da estrela do time, David Beckham, adorna um templo budista em Bangcoc. Osama bin Laden, se estiver vivo, provavelmente estará entre os bilhões sentados na frente da TV e todos, com exceção da maioria dos americanos, apreciariam o contexto político agitado no qual o jogo costuma ser disputado.

— ***Simon Kuper***, "The World's Game Is Not Just a Game"

Introdução à retórica cultural

Os fãs do futebol amam esse jogo. Embora os entusiastas do futebol ao redor do mundo tenham uma paixão pelo jogo em si, não há dúvida de que a interação lúdica significativa do futebol também inclui uma diversidade de funções simbólicas. Desde as culturas das equipes nacionais e regionais até a reputação dos jogadores no campo (e fora dele!), o futebol está repleto de valores trazidos para a estrutura do jogo fora dos limites do círculo mágico. Às vezes, esses valores vão além do reino do torcedor e adquirem uma verdadeira ressonância política. O colunista esportivo Simon Kuper aponta que "O futebol distingue-se por sua maleabilidade política (...) O futebol elege presidentes ou os derruba, e define a forma como as pessoas pensam, para o bem ou para o mal, sobre seus países".[1] Em outros momentos, os valores do jogo repercutem em um plano social. Nos EUA, por exemplo, o futebol é visto como um esporte para mulheres e crianças: os EUA são o único país onde o time feminino de futebol nacional é mais conhecido que o dos homens. O futebol nos EUA é menos visto como um esporte profissional e mais como um passatempo da família: o onipresente termo "soccer mom" demonstra a integração do futebol na vida americana do subúrbio.

O futebol, como todos os jogos, incorpora um significado cultural. No último capítulo, apresentamos a ideia de que as estruturas de um jogo são reflexos da cultura em que ele é jogado. Como o estudioso da interação lúdica Brian Sutton-Smith escreve, "Alguém poderia perguntar a dois corredores olímpicos quanto do seu pensamento, durante a corrida, vai para os movimentos dentro dela, quanto vai para as medalhas de ouro que poderiam resultar e quanto vai para a glória do país que eles representam... Tudo isso para dizer que a interação lúdica e o jogo são realizados, em parte, por seu próprio intento e, em parte, pelos valores atribuídos a eles dentro das ideologias que são seus contextos."[2] Como objetos produzidos e realizados dentro da cultura em geral, todos os jogos refletem seus contextos culturais em algum grau. Neste capítulo, vamos nos aprofundar mais nesta premissa, focando especificamente a maneira como os jogos refletem *valores culturais*. Vamos explorar como as estruturas internas de um jogo — regras, formas de interação, formas materiais — espelham os contextos ideológicos externos.

Outra maneira de dizer que os jogos refletem os valores culturais é que os *jogos são contextos sociais para a aprendizagem cultural*. Isso significa que os jogos são um lugar onde os valores de uma sociedade são incorporados e transmitidos. Embora os jogos reflitam claramente os valores culturais e as ideologias, eles não desempenham meramente um papel passivo. Os jogos também ajudam a incutir ou fortalecer um sistema de valores da cultura. Ver os jogos como contextos sociais para a aprendizagem cultural reconhece como os jogos repetem, reproduzem e, por vezes, transformam as crenças e os princípios culturais. Essa forma de ver os jogos — como sistemas ideológicos — constitui a base do primeiro esquema de design de jogo contextual, ***Jogos como retórica cultural***.

Os jogos refletem os valores da sociedade e da cultura onde são jogados porque fazem parte da estrutura dessa própria sociedade. Por exemplo, o discurso capitalista do sonho americano impregna muitos jogos americanos. Loterias estaduais são comercializadas com slogans como: "Qualquer um pode ser um milionário". O game show de TV *"Quem Quer Ser um Milionário?* (adaptado da versão britânica) celebra muito a busca da riqueza na pergunta retórica que compõe seu título. A pergunta não é *se* você quer ficar rico ou *quais* podem ser os desdobramentos, mas apenas *quem* terá a oportunidade. Esses jogos encapsulam o paradoxo da identidade americana e suas ideologias associadas de riqueza. Eles falam para o conflito entre um individualismo rude, destemido e um desejo desesperado por atalhos para o sucesso e a submissão ao destino.

Nos jogos históricos, tanto quanto nos contemporâneos, as ideologias culturais permeiam o círculo mágico para influenciar as regras e a interação lúdica. As regras que governam o movimento e a interação em uma partida de Chaturanga, um antecessor mais antigo do xadrez, refletem os valores e as hierarquias sociais do exército indiano do século V. Segundo fontes históricas, o desconhecido inventor do jogo usou os exércitos da Índia como modelo para seu design. As peças do jogo Chaturanga incluem o rei, o ministro, o elefante (que mais tarde se tornou o bispo na Europa), o cavalo (cavaleiro), o carro de guerra (torre) e soldado (peão).[3] Com o tempo, quando o jogo se espalhou entre os países, modificações foram feitas no design das peças do jogo para refletir os pontos fortes particulares dos exércitos nacionais. A introdução dessas novas peças (tais como a rainha e o bispo) não foram apenas mudanças superficiais, mas influenciaram a estrutura formal do jogo, bem como a experiência do jogador.

O que é retórica?

Estamos analisando os valores culturais e as ideologias, mas o esquema é chamado de ***Jogos como retórica cultural***. O que esse termo significa? Pegamos a palavra "retórica" do notável tratado de Brian Sutton-Smith *The Ambiguity of Play*, uma ampla investigação interdisciplinar das ideologias culturais que envolvem a interação lúdica. Sutton-Smith escreve: "A palavra retórica é usada aqui no seu sentido moderno, como um discurso persuasivo, ou uma narrativa implícita, consciente ou inconscientemente adotada pelos membros de uma determinada afiliação para convencer os outros da veracidade ou da validade de suas crenças".[4] A retórica, em outras palavras, é um método de análise ou expressão que contém valores ou crenças subjacentes, um método que tenta persuadir os outros de que ele é correto. A retórica pode ser pesada e óbvia ou pode ser sutil e quase invisível, podendo ter uma infinidade de formas. A retórica pode manifestar-se nas palavras e no discurso de uma filosofia (a "língua" do catolicismo ou do marxismo), nas roupas e nas insígnias usadas pelos membros de um grupo (a moda que identificava os membros do movimento de contracultura dos anos 1960) ou em um comportamento mais geral (o costume de cuspir e a grosseria gratuita que faziam parte do Punk). Em cada exemplo, a retórica cultural é uma linguagem de expressão incorporando e propagando valores e crenças particulares.

Aplicado aos jogos, o princípio organizador da retórica cultural revela como os jogos representam padrões gerais de valor ideológico. O design de um jogo, em outras palavras, é uma representação das ideias e dos valores de um determinado tempo e lugar. Por exemplo, uma pesquisa histórica sobre os jogos infantis dos escravos afro-americanos revelou que atividades combativas e a eliminação do jogador estavam notavelmente ausentes. As regras e as interações lúdicas dos jogos eram um reflexo da necessidade de solidariedade e colaboração da cultura oprimida. Os jogos das crianças israelenses do Kibbutz também demonstram "uma forte expressão de cooperação e igualitarismo, com uma preferência para evitar o máximo possível participantes com excesso de privilégios ou com falta deles", refletindo as filosofias comuns do estilo de vida do Kibbutz.[5] Em cada um desses exemplos, as estruturas formais e experimentais dos jogos ecoam e reforçam a retórica cultural externa.

Qual é a importância da retórica cultural para o design de jogos? Criar jogos também é criar cultura e, portanto, as crenças, ideologias e valores presentes na cultura serão sempre uma parte do jogo, intencional ou não. Por exemplo, quais são as condições vencedoras de seu jogo? Acumular a maior parte dos recursos? Destruir as unidades do inimigo? Chegar a um equilíbrio de poderes? Cada uma dessas condições de vitória implica um determinado conjunto de valores, detalhados por meio das regras do jogo, materiais e experiências da interação lúdica.

Embora a retórica cultural esteja sempre intrinsecamente presente em um jogo, ela também pode ser ativamente incorporada no design de um jogo. Por exemplo, o jogo Mad Magazine pega uma condição vencedora típica de um jogo de tabuleiro (acumular o máximo de dinheiro) e a vira de ponta-cabeça: o caminho real para ganhar o jogo Mad Magazine é *perder* todo seu dinheiro. Essa simples inversão formal tem um forte impacto na retórica cultural do jogo. Parodiando um jogo no estilo Monopoly no qual o vencedor leva tudo, o jogo Mad Magazine chama a atenção para as ideologias convencionais da ganância e do poder econômico. Assim como a *Mad Magazine* em si, o jogo zomba das instituições e valores americanos.

Quer a retórica cultural de um jogo seja inconscientemente implícita (ideologia capitalista do Monopoly) ou conscientemente lúdica (inversão satírica do jogo Mad Magazine), ela envolve a influência de valores culturais. Como analisamos em *Definindo cultura*, nosso conceito de interação lúdica como *movimento livre em uma estrutura mais rígida* pode ocorrer em um nível cultural. Os jogos colocam a cultura "em jogo", não apenas refletindo a cultura, mas mudando entre as estruturas culturais existentes e dentro dela — por vezes, transformando-as como resultado. Não está inteiramente claro se o jogo Mad Magazine basicamente questiona ou reforça a retó-

Escrever | **SPORK:** Escreva o nome de um signo do zodíaco. **FOON:** Escreva o nome de uma constelação.

rica capitalista parodiada. Mas o simples fato de ele brincar com essas ideias revela os pressupostos de estruturas mais rígidas que envolvem a economia, o conflito competitivo e até o design do jogo. Ao destacar as estruturas rígidas colocadas "em jogo", um jogo pode lançar luz sobre as operações da cultura como um todo.

As sete retóricas da interação lúdica

Os jogos incorporam a retórica cultural. Mas quais ideologias específicas eles representam? Em *The Ambiguity of Play*, Brian Sutton-Smith faz mais do que simplesmente introduzir a ideia geral da retórica cultural. Sutton-Smith identifica sete diferentes "retóricas de interação lúdica", sistemas de valor de grande escala que historicamente têm informado e definido o conceito de interação lúdica. Essas retóricas — *progresso, destino, poder, identidade, o imaginário, o ego* e *o frívolo* — fazem parte dos amplos sistemas simbólicos (políticos, religiosos, sociais e educacionais) que ajudam a construir os significados culturais. São os sete modos de como o conceito de interação lúdica tem sido tradicionalmente mediado pela cultura. Como retórica, essas sete categorias são discursos persuasivos, invisivelmente incorporados no nosso dia a dia e nas concepções de interação lúdica, dados como certos até que sejam desafiados por uma retórica concorrente.[6]

Embora não possamos resumir as ideias complexas de Sutton-Smith e fazer-lhes justiça, podemos destacar os conceitos-chave de suas sete retóricas. Na tabela a seguir, descrevemos a forma como cada retórica usa, interpreta e justifica o conceito de "interação lúdica". Além disso, o gráfico também lista os tipos de jogo e interação lúdica aos quais a retórica normalmente está associada, bem como se Sutton-Smith localiza ou não a origem da retórica nos tempos antigos ou contemporâneos.

O trabalho de Sutton-Smith investiga a interação lúdica em geral e, portanto, inclui atividades lúdicas que não são jogos. Mas suas ideias ainda são muito valiosas para os designers de jogos. Os jogos podem incorporar qualquer uma das sete retóricas e a estrutura de Sutton-Smith pode ajudar a identificar os pressupostos ideológicos em seus jogos ou ajudá-lo a mapear novos rumos para a retórica cultural que você quer que seu jogo expresse.

Por exemplo, de acordo com Sutton-Smith, a retórica dominante em nossa cultura é a *interação lúdica como progresso*. Em geral, a interação lúdica é vista como uma atividade para crianças e uma experiência de interação lúdica é valiosa porque ajuda as crianças a evoluir para serem adultos melhores cognitiva, social, eticamente ou de outro modo. Algumas das controvérsias atuais sobre os jogos de computador e videogames originam-se diretamente do fato de que eles não se encaixam perfeitamente na ideia de *interação lúdica como progresso*. É possível, por exemplo, ver os videogames como parte de uma ideologia de *poder*, na qual os valores de conflito são celebrados por meio da interação lúdica, como acontece com o esporte profissional; mas, igualar a interação lúdica do videogame ao esporte (um passatempo para adultos) poderia ameaçar a ideia de *interação lúdica como progresso*, que considera os jogos como coisas para crianças. Da mesma forma, os videogames podem ser vistos como uma forma de *interação lúdica como o imaginário*, na qual a interação lúdica do videogame é uma forma de produção cultural criativa; no entanto, essa conexão liga os jogos à arte, ameaçando as distinções convencionais entre arte erudita e cultura popular.

As retóricas da interação lúdica de Sutton-Smith não são termos descritivos que identificam o que a interação lúdica *é realmente*. Em vez disso, suas categorias identificam como os jogos e a interação lúdica incorporam os valores ideológicos, e como as formas e os usos específicos da interação lúdica perpetuam e justificam esses valores. As retóricas entram em conflito e competem no ecossistema da cultura. Uma exposição de museu que tenha incluído videogames pode desencadear um conflito de retóricas: talvez o curador use a *interação lúdica como o imaginário* para justificar o valor criativo dos videogames, ofendendo os adeptos indignados da *interação lúdica como progresso*, que não veem nenhum valor cultural nos jogos que apenas entretêm.

Assim como uma retórica pode incluir muitos jogos, um único jogo pode incorporar mais de uma retórica. Como objetos complexos, os jogos podem conter diversas, e às vezes contraditórias, retóricas culturais em seu design e uso. A loteria é baseada em uma forma de jogo antigo que incorpora a *interação lúdica como destino*; ao mesmo tempo, na cultura contemporânea, pode ser um modo de os jogadores compartilharem um sentimento

Interação lúdica como progresso	A interação lúdica é uma maneira de transformar crianças em adultos. Ela é importante porque educa e desenvolve as capacidades cognitivas dos jovens humanos ou animais.	Todas as formas de interação lúdica infantil e interação lúdica de animais	Origem contemporânea
Interação lúdica como destino	As vidas humanas e interação lúdica são controladas pelo destino sob a forma de acaso, deuses, átomos, neurônios ou sorte, mas não por vontade livre.	Apostas e jogos de azar	Origem antiga
Interação lúdica como poder	A interação lúdica é uma forma de conflito e uma forma de fortalecer o status daqueles que controlam a interação lúdica ou são seus heróis.	Esportes, atletas e competições	Origem antiga
Interação lúdica como identidade	A interação lúdica é um meio de confirmar, manter ou avançar a identidade de uma comunidade de jogadores.	Festas tradicionais, festas comunitárias e festivais	Origem antiga
Interação lúdica como o imaginário	A essência da interação lúdica é a imaginação, flexibilidade e criatividade. Interação lúdica é sinônimo de inovação.	Improvisação lúdica na arte, literatura e outras formas de cultura	Origem contemporânea
Interação lúdica como retórica do ego	A interação lúdica existe para promover a evolução o ego através de experiências intrínsecas de prazer, relaxamento e fuga, quer por meio da interação lúdica em si, quer por meio da satisfação estética das performances.	Atividades solitárias como passatempos e interação lúdica de alto risco como escalar montanhas.	Origem contemporânea
Interação lúdica como frivolidade	A interação lúdica é oposicionista, paródica e, às vezes, revolucionária; essa retórica se opõe a uma visão da "ética de trabalho" da interação lúdica como uma atividade inútil.	As atividades ociosas e bobas, e os papéis históricos multiculturais do trapaceiro e o louco	Origem antiga

As sete retóricas da interação lúdica de Brian Sutton-Smith

de *interação lúdica como identidade* (os trabalhadores do escritório se reúnem durante o *happy hour* para acompanhar o sorteio do jogo de loteria chamado Pick Five, compartilhando um desejo comum de tirar a sorte grande e finalmente mandar o patrão às favas). A inversão paródica do Mad Magazine Game se baseia na ideia de *interação lúdica como supérfluo*, mesmo quando sua referência aos jogos do tipo Monopoly invoca a retórica da *interação lúdica como poder*.

Dois exemplos

O desafio de reconhecer a retórica cultural é que as ideologias muitas vezes passam despercebidas em nossas próprias ações e comportamentos. Felizmente, devido à sua natureza intrinsecamente lúdica e artificial, os jogos apresentam contextos particularmente propícios para destacar a operação da retórica cultural em funcionamento. Seguem-se dois exemplos detalhados para nos ajudar a entender melhor como os jogos podem incorporar a retórica por meio do design.

The Landlord's Game

The Landlord's Game (O Jogo do Senhorio), projetado por Lizzie Magie em 1904, é o precursor do popular jogo de tabuleiro Monopoly (Banco Imobiliário) contemporâneo e foi projetado com intenções retóricas muito claras em mente. The Landlord's Game foi criado para ensinar de maneira leve e divertida os males do monopólio da terra.

Magie era uma jovem quacre que vivia na Virgínia e era uma fervorosa adepta do economista Henry George. George foi o criador do movimento do imposto único, que considerava que o arrendamento da terra e o aumento indevido no valor da terra davam lucros somente a alguns indivíduos, e não à maioria das pessoas, cuja precisa existência é que fazia a terra ter um valor. Ele defendia, portanto, um imposto único somente sobre a terra para atender a todas as despesas do governo, uma política que iria corroer o poder dos monopólios para suprimir a concorrência e, portanto, igualar as oportunidades.[7] Magie projetou The Landlord's Game como um jogo educativo: como uma forma de explicar as teorias políticas de George em termos que o cidadão comum pudesse entender.

Nas décadas que se seguiram ao lançamento do The Landlord's Game, a Parker Brothers lançou uma série de títulos que eram claramente derivados, incluindo o Easy Money e, naturalmente, o Monopoly. As estruturas formais dos jogos carregam uma semelhança impressionante. O jogo de tabuleiro de Magie incluía o arrendamento de propriedades como "Poverty Place" (arrendamento de US$ 50), "Easy Street" (arrendamento de US$ 100) e "Lord Blueblood's Estate" ("passagem proibida: vá para prisão"); existem bancos, um albergue, ferrovias e serviços públicos, como o "Soakum Lighting System" (multa de US$ 50) e "PDQ Railroad" (tarifa de US$ 100); há também, naturalmente, o conhecido espaço da "Cadeia". Ao contrário de Monopoly, porém, as propriedades em The Landlord's Game eram somente para ser arrendadas e não podiam ser compradas e liquidadas.

Apesar da forte semelhança entre The Landlord's Game e Monopoly, há diferenças distintas (e maravilhosamente incongruentes) na retórica que cada um evoca. Embora as retóricas de *progresso* e *poder* sejam aplicadas a ambos os jogos, The Landlord's Game era claramente anticapitalista em sua concepção. O conflito do jogo não se baseava na aquisição de bens e no acúmulo de monopólios, mas sim em uma solução do sistema agrário prevalecente. Como as propriedades no jogo só podiam ser arrendadas, não havia nenhuma oportunidade para dominação por um latifundiário ganancioso ou uma incorporadora. Monopoly, por outro lado, coroava a ascensão do latifundiário e a arte da especulação. Os jogadores eram encorajados a explorar as debilidades financeiras dos outros jogadores para se tornar o mais rico monopolista, uma concepção de poder em oposição direta à explorada no projeto original de Magie.

Essa diferença de ideologia é claramente evidente na forma como cada jogo se descreve. As regras do jogo de Lizzie Magie informam:

> O objetivo deste jogo não é apenas a diversão dos jogadores, mas ilustrar como, no sistema presente ou prevalecente para a posse da terra, o proprietário tem uma vantagem sobre os outros empreendedores e também como o imposto único iria desencorajar a especulação.

A introdução do jogo Monopoly da Parker Brothers informa:

> A ideia do jogo é comprar e alugar ou vender imóveis de modo mais rentável para que alguém se torne o jogador mais rico e, finalmente, o monopolista... O jogo tem uma negociação e uma emoção inteligentes e animadas.

Como a progenitora direta do Monopoly, é irônico que o jogo de Magie tenha tornado-se uma paródia exatamente do que ela tinha a intenção de

The Landlord's Game

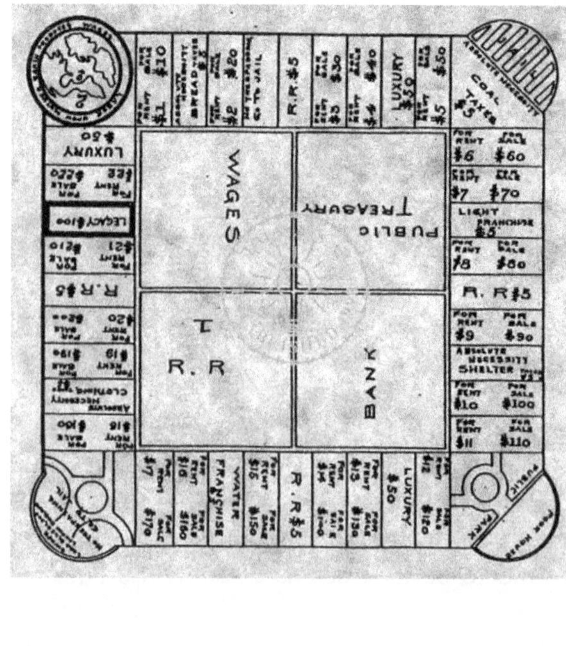

criticar. O que começou como uma tentativa séria de educar as massas sobre os males do monopólio da terra foi transformado pela Parker Brothers em uma ferramenta retórica do próprio capitalismo. Assim, embora os dois jogos compartilhem muitos elementos formais, seus designs incorporam ideologias radicalmente diferentes. Essas retóricas culturais são expressas pela linguagem das regras escritas, pelas convenções de nomenclatura das propriedades do jogo e pelas regras e condições de vitória. Por meio da experiência de jogá-los e sua distribuição na cultura, suas retóricas contrárias foram propagadas em uma concorrência entre os dois jogos. (Para o bem ou para o mal, sabemos quem ganhou esse jogo!)

Vampiro: A Máscara

Vampiro: A Máscara ilustra outro exemplo de design de jogos e retórica cultural. Ao contrário de The Landlord's Game, o jogo Vampiro: A Máscara não foi projetado com intenções políticas e pedagógicas. Mas a retórica cultural foi uma parte importante do pensamento por trás do jogo.

O design de Vampiro: A Máscara se inspira diretamente nas subculturas existentes para criar uma interação lúdica significativa. Ao contrário das narrativas de espadas e feitiçaria ou ficção científica dos RPGs mais populares, Vampiro: A Máscara é projetado para atrair uma sensibilidade gótica. Suas histórias políticas de vampiros lembram os romances de Anne Rice e o jogo enfatiza a atmosfera e o clima, em vez do combate. Comparado ao RPG típico, suas regras são quase mínimas. Como resultado desses recursos, quando o jogo foi apresentado pela primeira vez, encontrou um público não apenas entre os jogadores existentes, mas entre pessoas que nunca tinham jogado RPG antes.[8] Os jogadores do jogo, em muitos casos já imersos na subcultura gótica, trouxeram seus próprios sistemas de significação para o jogo quando entraram no espaço da interação lúdica. Ao mesmo tempo, o jogo em si tornou-se uma maneira de propagar a subcultura gótica e estendê-la a um público de jogadores que normalmente poderia não ter uma afinidade com roupas pretas, delineadores pesados e ocultismo. A retórica cultural entrou no jogo de fora para dentro, mesmo quando o jogo em si tornou-se um bastião da cultura gótica/*gamer*, estendendo sua retórica híbrida de dentro para fora.

Vampiro: A Máscara exibe a retórica cultural da *interação lúdica como identidade*: a interação lúdica do jogo separa seus jogadores do resto da sociedade, criando um espaço que catalisa seu sentido único de identidade comunitária. O jogo incorpora outras retóricas culturais também, tais como o RPG do alter ego que implicitamente defende a *interação lúdica como o imaginário* — ou até mesmo a *interação lúdica como frivolidade*, uma vez que o status secreto e subcultural do gótico celebra uma oposição visível às culturas e aos estilos mais dominantes. Embora o jogo Vampiro: A Máscara tenha feito parte de um produto com ideologia e cultura existentes, é importante notar que os designers do jogo reconheceram o público inexplorado de jogos góticos projetando o jogo para incorporar diretamente a subcultura. A simplicidade do sistema formal fez o jogo ser atraente para jogadores novatos, enquanto o design global incentivava o RPG, o relato e o conhecimento do folclore dos vampiros acima da implantação estratégica das regras. Essa abordagem de design permitiu, de fato, que as atitudes e as ideologias *já existentes* dos jogadores brilhassem e contribuíssem para a interação lúdica e a cultura do jogo.

O sucesso de Vampiro: A Máscara mudou a cultura dos jogos. É verdade que já havia certa sobreposição entre as subculturas RPG e as subculturas góticas, mas Vampiro: A Máscara conseguiu misturar esses dois públicos no contexto do jogo real. O jogo tornou o RPG "bacana" (pelo menos em alguns círculos), destacando o fato de que as próprias retóricas culturais muitas vezes são uma forma de moeda na cultura em geral. A transição de geek para gótico expandiu a estrutura do RPG no espaço do moderno e bacana, ampliando o alcance do gênero do jogo e estabelecendo uma nova abordagem para o design de RPG.

Em cada um dos dois exemplos — The Landlord's Game e Vampiro: A Máscara — os jogos funcionam como contextos sociais que permitem a exploração de certos valores e atitudes. Além disso, em ambos os casos, a retórica cultural do jogo foi algo conscientemente incorporado pelos designers. Há um lamento de longa data entre os designers de jogos digitais no sentido de que o público em geral não considera os jogos uma forma importante de cultura de mídia. Uma resposta para essa reclamação é que os designers de jogos precisam ser mais rigorosos na forma como concebem seus jogos como *cultura*. Reconhecer que todos os jogos contêm e endossam determinadas retóricas culturais é um bom primeiro passo. Mas, se você quiser expandir as concepções das pessoas sobre os jogos para os espaços além das subculturas do jogo, para os espaços ocupados pela arte, literatura e cinema — ou política, punk rock e a academia —, então os designers precisarão ser muito mais inteligentes na forma como incorporam a retórica cultural no design real de seus jogos.

Retórica do gênero

Agora deve estar claro: quando enquadrados como retórica cultural, os jogos são sistemas de representação repletos de crenças e valores culturais. Os designers devem reconhecer como a retórica cultural opera em seus jogos e criar seus designs de acordo com isso. Que ideologias você está refletindo, repetindo e promovendo em seu jogo? Você deseja que seu jogo retrate fielmente um determinado conjunto de crenças? Ou preferiria questionar, inverter ou minar essas crenças? Você pode incorporar a retórica cultural na própria experiência do seu jogo, incentivando seus jogadores a realmente jogar com os códigos culturais?

O desafio de projetar com a retórica cultural em mente é a clara complexidade por meio da qual a cultura opera. Podemos isolar artificialmente a retórica cultural em um jogo, assim como Vampiro: A Máscara reflete e informa a subcultura gótica, mas a subcultura em si e sua interação com o jogo são extremamente sutis. Para destacar os desafios do uso das retóricas nos jogos, nas próximas páginas vamos focar um importante debate que envolve a retórica cultural de gênero (no sentido de sexo). Nosso objetivo não é tirar conclusões definitivas sobre como o gênero opera nos jogos, mas demonstrar a complexidade das questões levantadas quando enquadramos os jogos como expressões da retórica cultural.

Investigar a retórica cultural do gênero significa examinar as maneiras como os jogos refletem, reforçam, questionam ou subvertem as ideias culturais sobre as categorias dos conceitos masculino e feminino, macho e fêmea, transgênero e outros relacionados à identidade do gênero. Dizer que os jogos podem interagir com as ideologias do gênero pressupõe que os códigos culturais do gênero existem na sociedade em geral. Esse é certamente o caso. Há um longo histórico de pensadores, desde Virginia Woolf até Judith Butler, que discorreram sobre as maneiras como o gênero é socialmente construído e representado na cultura, incluindo o papel que as representações da mídia desempenham nessa construção. Mais recentemente, escritores como Brenda Laurel, Justine Cassell, Henry Jenkins e outros estudiosos analisaram a representação do gênero nos jogos digitais. Uma preocupação com os jogos e o gênero estende-se aos designers de jogos também. Um movimento de design de jogos (livremente chamado de *Girl Games*) foi criado no início dos anos 1990 pelos designers e estudiosos interessados em questionar e reinventar as suposições sobre o gênero e os jogos.

Em vez de resumir essas investigações teóricas e etnográficas, material que está bem coberto em outros lugares (ver *Leitura adicional*), vamos explorar algumas maneiras como o design de jogos cruza com as retóricas culturais do gênero. Nossa intenção é demonstrar as complexidades pelas quais qualquer retórica cultural particular atua nos jogos. Selecionamos a retórica do gênero por causa da história do debate no jogo. Há certamente inúmeras outras retóricas culturais que também poderíamos ter escolhido, desde a representação da raça e da etnia até as narrativas do colonialismo e do imperialismo.

Jogos de meninos

Um escritor que tem discutido muito o gênero nos jogos é o estudioso da mídia Henry Jenkins. Em seu ensaio "Complete Freedom of Movement: Video Games as Gendered Play Spaces", Jenkins explora a ideologia dos espaços de jogos de meninos descritos na literatura infantil, como uma forma de caracterizar as formas contemporâneas de representação nos jogos digitais. Ele argumenta que as convenções da história de aventura dos meninos do século 19 e início do século 20 afetaram os tipos de representação que vemos nos videogames atuais. Os jogos de plataforma, tais como Mega Man da Capcom e o Super Mario Brothers da Nintendo, de acordo com Jenkins, utilizam a iconografia das histórias de aventura. Esses jogos permitem que os jogadores lutem contra os obstáculos, explorem terras fantásticas, lutem com inimigos ameaçadores e até mesmo morram (apenas para renascer no começo do nível). Acima de tudo, esses jogos exibem uma ação emocionante ininterrupta.

Na descrição de Jenkins, os níveis dos jogos e os mundos seguem a estrutura de cena das histórias de aventura, na qual todos os elementos são reduzidos a suas características essenciais. Os enredos e os personagens são reduzidos a arquétipos familiares do gênero, definidos basicamente por meio da sua capacidade de ação. Da mesma forma, os cenários do jogo seguem o modelo da "ilha de aventura", básico nos livros e nos jogos de meninos. A ilha representa "um mundo isolado e distante do espaço doméstico ou da supervisão de um adulto, um mundo selvagem para as pessoas que se recusam a se curvar diante das pressões do processo de civilização, uma terra do nunca, onde você busca sua fortuna".[9] Muitos videogames incorporam claramente os recursos da narrativa da ilha da aventura, como descrito por Jenkins e, portanto, refletem as retóricas estabelecidas da "cultura dos meninos".

Significativamente, a retórica cultural do gênero não se limita ao design visual dos jogos que Jenkins cita. Embora seja verdade que os jogos compartilham as armadilhas gráficas das histórias em quadrinhos, charges e outras formas de cultura tradicional dos meninos, a retórica baseada em gênero desses jogos também é incorporada em suas dimensões sistêmicas e interativas. Como Jenkins escreve: "Cada tela transborda com perigos; cada paisagem está repleta de obstáculos e armadilhas explosivas. Uma tela pode exigir pular de precipício em precipício, quase caindo nos abismos profundos abaixo. Outra pode exigir que você balance em trepadeiras na copa das árvores ou explore cavernas por meio de uma passagem subterrânea, o tempo todo brigando com hordas alienígenas".[10] A interatividade orientada a ações e ao estímulo do jogo faz parte da retórica cultural do arquétipo de aventura dos meninos. Se os designers tinham intenção ou não, eles estavam reproduzindo uma retórica estabelecida do gênero no design do jogo em si.

O trabalho de Jenkins oferece um ótimo exemplo de como a retórica cultural pode influenciar o design de jogos. Os espaços imaginários pelos quais os meninos se sentem atraídos não são apenas locais neutros da interação lúdica: são espaços especificamente voltados para um gênero que convidam os meninos e mantêm as meninas longe. Os tipos de jogo que Jenkins menciona refletem as preferências de lazer voltadas para um gênero (uma ação emocionante ininterrupta, cenários fora dos espaços domésticos), ao mesmo tempo que as perpetuam, ecoando os gêneros anteriores da cultura dos meninos que operavam de maneiras semelhantes. Embora os jogos possam ser novos, a retórica que eles incorporam foi transmitida de uma época anterior.

Alternando o bit de gênero

Os jogos sobre os quais Jenkins escreveu em seu ensaio são basicamente jogos de console ou para PC que surgiram no final dos anos 1980 e início dos anos 1990. Desde aquela época, a resolução gráfica nos jogos digitais tem se tornado mais complexa — e, junto com ela, a retórica da representação do gênero do jogo. Um caso exemplar é Lara Croft, a estrela da popular série Tomb Raider. Embora os jogos Tomb Raider sejam em 3D e não em 2D como os jogos que Jenkins estudou, eles e outros jogos de ação e aventura em terceira pessoa são descendentes diretos dos "jogos de meninos", como Mega Man e Super Mario Bros. O jogo, com obstáculos a evitar, poderes a coletar, luta e exploração em uma série de níveis, é muito semelhante, apesar das diferenças gráficas.

Como os jogos desse tipo geralmente apresentam personagens masculinos, uma mulher como Lara Croft é, de certa forma, uma intervenção na retórica cultural do gênero. Ou não? "Na época em que criamos Tomb Raider, eu não achava que havia um bom jogo com uma heroína", comenta Toby Gard, o designer de jogos creditado como criador de Lara. "A maioria das mulheres nos jogos antes de Lara usava botas até a coxa e tiras de couro".[11] Originalmente concebida como um cruzamento entre o ícone riot grrrl Tank Girl e a estrela *pop* britânica

Neneh Cherry, Lara desenvolveu-se em uma versão peituda e feminina de Indiana Jones". O resultado final, de acordo com Gard, foi "uma mulher poderosa... Não é um objeto sexual obsceno, mas uma prostituta inacessível e armada".[12]

Gard está correto em um sentido. Antes de Tomb Raider, houve poucos personagens femininos que desempenhavam papéis ativos em um jogo. Personagens anteriores como Smurfete em Smurf Rescue e Princesa Toadstool em Super Mario eram apenas donzelas em perigo, mulheres indefesas à espera de um resgate no final do último nível. Esses personagens são parecidos no fim do jogo, atuando como objetos passivos de desejo, a cenoura oferecida para seduzir o jogador a terminar. Essa mulher distante e sem poder é um arquétipo que se encaixa com perfeição no espaço tradicionalmente voltado para o mundo dos meninos. A mulher é estruturalmente reconhecida como uma fonte de desejo, mas ela geralmente não está presente durante o jogo, e certamente não faz nada tão ameaçador como usurpar o papel principal do protagonista masculino.

Tomb Raider oferece um papel de jogo alternativo para os jogadores. Lara Croft é uma heroína de ação com arma em punho, um personagem poderoso que pode bater em alguém, assim como qualquer avatar masculino. Mas Lara Croft sobe ao nível da "mulher poderosa" que Gard descreve? Havia muitas formas de um personagem feminino ser visualizado e o personagem de Lara representa algumas escolhas de design muito específicas. Seus shorts cortados e blusa apertada enfatizam sua cintura de vespa e seios enormes. É verdade que Lara não está tão escassamente vestida como muitos outros personagens femininos do jogo (tais como o as dominatrixes segurando chicotes em Bad Dudes), mas dificilmente ela poderia ser considera um modelo de "mulher poderosa". Lara é uma espécie de prostituta de ação, a ideia de mulher para um adolescente, uma *pin-up* digital. Esse papel é literalmente representado em muitas imagens provocadoras de Lara publicadas em página inteira em toda a imprensa de games desde que o primeiro jogo Tomb Raider foi lançado. A própria Lara foi uma criadora de tendências: muitas protagonistas femininas de jogos similares seguiram seu rastro.

Como Lara faz o jogo das ideologias do gênero presentes na cultura em geral? Quais valores ela reforça e quais valores ela questiona? Como um avatar poderoso e que pode ser jogado, Lara desafia o papel passivo geralmente concedido aos personagens femininos do jogo. De fato, um número desproporcionalmente alto de mulheres tem sido consumidoras dos jogos Tomb Raider. Mas, como uma representação abertamente sexualizada, ela repete e exagera as imagens das mulheres encontradas em outras mídias, que muitas vezes a mostram como mulher-objeto e frágil.

A retórica do gênero é ainda mais complexa quando consideramos que a representação de Lara é composta visual e interativamente. Além de sua aparência, como a interação do jogador com Lara reforça uma retórica do gênero? Sabemos com nossa análise sobre a falácia imersiva em ***Jogos como interação lúdica de simulação*** que as relações dos jogadores com os personagens do jogo nunca são simples. Quando um jogador disputa uma partida, ele não está meramente "imerso" em uma representação; por meio do processo da metacomunicação, o jogador está consciente da natureza construída do personagem dentro do sistema maior do jogo. Um avatar do jogo é simultaneamente sujeito e objeto: por um lado, uma máscara para ser usada e, de outro, uma ferramenta para ver e manipular. Lara Croft representa este duplo papel até sua conclusão paradoxal. Em certo sentido, um jogador de Tomb Raider é o espectador de uma imagem feminina grosseiramente sexista, até quando o mesmo jogador assume, de forma interativa, um papel de mulher poderosa.

Desmontando as complexas retóricas culturais do gênero em Tomb Raider, as ambiguidades fundamentais permanecem. Lara é um ícone feminista ou um objeto sexista? Ela desafia os estereótipos do gênero ou reforça-os? Talvez nunca possamos finalmente resolver essas questões. Quando consideramos as representações dos personagens femininos em outros jogos, aparecem significados duplos similares:

- *Ms. Pac-Man* é, talvez, o primeiro avatar de jogo no gênero feminino. Embora seja bonitinha, ela certamente não recebeu uma figura curvilínea "feminina". Pelo contrário, ela nada mais é que uma versão feminina de Pac-Man, concebido como se o batom e uma tiara fossem equivalentes a ser do sexo feminino. Pac-Man, o gênero masculino, é a identidade neutra presumida. Ms. Pac-Man é um caso marcado, especial.

Lara Croft

Smurfete

Princesa Toadstool

Lara Croft

Escrever | **SPORK:** Escreva o nome de uma estreia de cinema. **FOON:** Escreva o nome de um músico popular.

- *Personagens femininos de jogos de luta* também oferecem papéis femininos ativos para os jogadores assumirem. Mas, em geral, esses personagens sofrem do mesmo hiperfeminismo de Lara Croft, chegando até a se juntar a ela nos *pin-ups* e pôsteres de revistas de jogos. O marketing dos jogos de luta contemporâneos (que anunciam recursos como uma opção de "balanço do peito") enfatiza os estereótipos sexistas que esses personagens incorporam.
- *Samus Aran*, a heroína da popular série Metroid, é um personagem feminino que, no jogo Metroid original, não revela seu sexo até o final, quando ela tira seu capacete de alta tecnologia. Essa decisão de design inteligente revela as suposições retóricas que os jogadores fazem sobre o gênero do personagem do jogo — muitos jogadores lembram com prazer seu choque quando o herói de Metroid se revelou ser uma heroína. Mas, por que é que só no final do jogo Samus Aran pode "revelar-se" como mulher? A interação lúdica do jogo, ou o interesse dos jogadores, seria diferente se o protagonista fosse masculino?
- *SiSSYFiGHT 2000* apresenta personagens femininos incomuns que não são Princesas Toadstools passivas nem prostitutas de ação sexistas. São alunas malcriadas, bonitas e feias em partes iguais, projetadas conscientemente como uma intervenção lúdica nas retóricas culturais existentes da representação dos jogos voltados para um gênero. Apesar dessas intenções feministas, as meninas malcriadas do jogo foram criticadas por retratar imagens negativas de mulheres, perpetuando estereótipos de comportamento feminino traiçoeiro e fofoqueiro.

A política da representação do gênero na mídia tem sido debatida sem fim na academia, imprensa e cultura em geral. A visibilidade recente de protagonistas femininos nos jogos só tem alimentado as discussões. A questão é, onde você fica? Qualquer decisão de design feita sobre a representação do gênero em seu jogo será ligada a uma forma de retórica ou outra. Não existe uma única retórica "correta" que o jogo deve incorporar. Mas tenha consciência das retóricas que seu jogo reflete e perpetua. As dimensões culturais dos jogos são extremamente complexas; seu jogo deve reconhecer essa complexidade e fazer justiça em seu design.

Transformando espaços

Não se desespere! É verdade que as retóricas culturais são complicadas, mas isso não significa que não possam ser incorporadas com sucesso no design de um jogo. De fato, os jogos podem dominar o conceito de retórica cultural, não só representando e desafiando as ideologias, mas também transformando-as. A maioria dos nossos exemplos até agora neste capítulo tem focado a maneira como o espaço de significação *interno* ao círculo mágico reflete as retóricas culturais *externas* ao jogo. Os jogos The Landlord's Game e Monopoly refletem as ideias existentes sobre poder e economia, e foram projetados para expressar essas ideias. Mas os jogos têm a capacidade não só de refletir, mas também de transformar os valores culturais. Quando isso acontece, os contextos *externos* são moldados pelas ideologias *internas* de um jogo. Já mencionamos que a interação lúdica cultural de um jogo é o movimento livre dentro de estruturas culturais mais rígidas. Mas, quando a interação lúdica muda essas estruturas culturais, ela torna-se verdadeiramente *transformadora*: as estruturas rígidas a partir das quais a interação lúdica emerge são, elas próprias, remodeladas por meio do preciso ato de jogar.

Um exemplo maravilhoso de interação lúdica transformadora como uma prática de design de jogos é o New Games Movement, que utilizou a interação lúdica para comentar e experimentar novas concepções de cultura e comunidade. Uma consequência natural da contracultura em São Francisco dos anos 60, o New Games Movement acreditava que os tipos de jogos que as pessoas jogam e as formas como os jogam têm grande importância para a sociedade. "Os esportes representam uma articulação-chave em qualquer sociedade", George Leonard escreve em *The New Games Book*, "A maneira como jogamos os jogos pode ser mais importante do que imaginamos, pois significa nada menos do que a nossa maneira de ser no mundo".[13] O New Games Movement tratou menos do design de jogos individuais e mais do desenvolvimento de um etos destinado a alterar o modo como as pessoas interagiam umas com as outras. Seu objetivo era transformar a cultura criando oportunidades para as pessoas interagirem colaborativamente.

Samus Aran: Metroid

Vanessa: Virtua Fighter 4

Chun Li: Street Fighter

Nina: Tekken 3

Ms. Pac-Man

Ling: Tekken 2

SISSYFIGHT 2000

Ivy: Soul Calibur 2

Jogue duro. Jogue limpo. Ninguém deve se machucar. Esses três princípios fundamentais ordenam o design (e a jogabilidade) de qualquer jogo do movimento New Games. O movimento organizou "Torneios" do tipo festival que reuniu as pessoas para jogar em cooperação, apagando (mesmo que apenas por um breve momento) as barreiras de raça, idade, sexo, tamanho, capacidade, nível socioeconômico e credo. Os valores de liberdade e a criação da comunidade por meio do jogo foram tecidos em uma retórica utópica que defendia novas formas de capacitação do jogador. Como Bernard DeKoven nota em *The Well-Played Game*, "Não importa qual jogo criamos, não importa o quanto somos capazes de jogar, ele é o nosso jogo e podemos mudá-lo quando precisarmos... Essa é uma liberdade incrível, uma liberdade que faz mais do que qualquer jogo pode, uma liberdade com a qual alimentamos a comunidade do jogo. A busca pelo jogo bem jogado é o que mantém a comunidade unida. Mas a liberdade de mudar o jogo é o que dá à comunidade o seu poder".[14] Essa retórica poderosa e poética combina o ato de mudar um jogo individual com a mudança do "jogo" maior da sociedade — uma premissa no coração do New Games Movement.

Earthball, um design clássico do movimento New Games, incorpora claramente a retórica do movimento. Criado em 1966 por Stewart Brand para um evento público promovido pela War Resisters League no San Francisco State College, o Earthball envolvia uma enorme bola inflável pintada com os continentes, oceanos e nuvens, guiada por equipes adversárias. O jogo tinha uma regra única, que Brand explicou da seguinte forma: "Há dois tipos de pessoas no mundo: aquelas que querem empurrar a Terra em uma fileira de bandeiras no final do campo e aquelas que querem empurrá-la por cima da cerca do outro lado. É assim".[15] Concebido como uma maneira de formalizar a interação do jogador e as condições de vitória, quando o jogo foi jogado pela primeira vez, essas regras simples criaram um espaço de possibilidades com um resultado ideológico surpreendente:

> As pessoas empurravam a bola de ambos os lados, fazendo força e torcendo por suas equipes. Lentamente, ela começou a se mover, primeiro em direção a uma extremidade, depois de volta para a outra. O jogo ficou mais quente. Havia muita concorrência, mas algo mais interessante estava acontecendo. Sempre que a bola se aproximava de um objetivo, os jogadores do lado vencedor deserdavam para ajudar os perdedores... Esse primeiro jogo Earthball durou uma hora, sem uma pontuação. Os jogadores competiram, mas não para ganhar. Seu acordo implícito e aceito tinha sido jogar, por mais tempo e o mais duramente possível.[16]

Embora o jogo tivesse como premissa uma competição entre duas equipes, o jogo que surgiu foi radicalmente cooperativo (no sentido da *cooperação do jogador* definida em ***Jogos como sistemas de conflito***). A emergência da interação lúdica colaborativa a partir de uma estrutura formal projetada para apoiar a interação competitiva demonstra o poder da retórica do New Games Movement. O jogo pode parecer competitivo na superfície (duas equipes enfrentam objetivos opostos), mas os jogadores encenaram retóricas culturais que valorizaram a colaboração e o jogo pelo jogo. Essas filosofias emergiram a partir de dentro do jogo para transformá-lo, convertendo o jogo competitivo tradicional em algo completamente diferente.

Os jogos posteriores do movimento New Games exploraram estruturas do jogo que incorporavam mais explicitamente as retóricas culturais do movimento. Por exemplo, o jogo pegar o rabo do dragão (mencionado pela primeira vez em ***Jogos como sistemas de conflito***), tem uma condição vencedora clara e um objetivo, mas certos jogadores (entre aqueles do dragão) não estão claramente em uma equipe ou outra. O New Game intitulado Vampiro (analisado em ***Jogos como interação lúdica de simulação*** — não deve ser confundido com o jogo LARP Vampiro: A Máscara) também lida com a competição, colaboração e as condições de vitória. O jogo pode terminar com todos os jogadores transformados em vampiros ou todos curados de seu vampirismo; em ambos os casos, o grupo inicialmente heterogêneo termina em um estado de igualdade homogênea.

O New Games Movement foi um sucesso? Ele conseguiu transformar a sociedade como seus fundadores pretendiam? Sim e não. Embora o New Games Movement tenha declinado nas últimas décadas, ele expressou uma tremenda influência sobre a educação física nos Estados Unidos. Se você brincou com uma Earthball de borracha gigante ou um paraquedas em sua aula de ginástica na escola, pode agradecer ao New Games Movement, que

Escrever | **SPORK:** Escreva o título do último livro que você leu. **FOON:** Escreva o título do último filme que você viu.

ajudou a transformar o programa de educação física tradicional baseado em esportes em uma experiência de aprendizagem colaborativa mais centrada em jogos.

Grande parte do sucesso do New Games Movement surgiu por causa de suas relações com as outras formas de contracultura.

Os "Torneios" do movimento New Games, por exemplo, misturaram as comunidades de um protesto pela paz com o niilismo cultural de um *happening* artístico. Não há dúvida de que, em muitos aspectos, o New Games Movement e seus projetos de jogo surgiram a partir de um meio cultural particular. Mas o projeto transformador característico do movimento é verdadeiramente inspirador. Jogando com os códigos e as convenções do jogo e da interação social, o New Games Movement procurou criar mudanças sociais positivas por meio da interação lúdica. Ele não o fez criando jogos com conteúdo político explícito, mas projetando experiências de interação lúdica que incorporavam intrinsecamente seus ideais utópicos. Há espaço para um movimento similar no design de jogos de hoje? O New Games Movement foi uma função de seu momento histórico e não poderia ser revivido precisamente da mesma forma hoje. Mas a noção de que os designers de jogos podem assumir retóricas transformadoras, liberando todo seu potencial no âmbito da cultura como uma poderosa revolução da interação lúdica, não é de forma alguma irreal. Aconteceu; pode acontecer novamente.

Batalha de brinquedos

Agora, deve estar claro que podemos conectar os espaços artificiais de significação dos jogos aos valores e às ideologias do mundo como um todo de inúmeras maneiras. Cada um dos exemplos que exploramos neste capítulo compartilha uma premissa comum: os jogos fazem parte da cultura. Se eles refletem ou transformam as noções da classe econômica, estilo subcultural, identidade de gênero ou comunidade utópica, os jogos exemplificam ideias sobre como as coisas são ou mesmo a maneira como gostaríamos que fossem.

Este capítulo conclui explorando a reflexão e a transformação da retórica cultural no contexto do design de um jogo em particular. Toys é um jogo para dois jogadores que Eric criou em colaboração com crianças em idade escolar durante sua residência no Museu de Arte de Bellevue, em Seattle, em 2000. O design imita a estrutura de luta de um jogo como Pokémon, alimentando os ricos códigos sociais criados pelas crianças para seus brinquedos — brinca-se com o jogo vivendo, interpretando e disputando esses códigos.

Para começar o jogo, cada jogador escolhe três brinquedos em uma grande coleção de bonecos de ação garimpados nos mercados de pulga de Seattle; os bonecos então "lutam" entre si, dois de cada vez. As batalhas são travadas entre os brinquedos por meio de frases modulares, aleatoriamente construídas a partir de um conjunto de 44 cartas. Essas declarações, tais como "*O brinquedo do sexo feminino vence o brinquedo indesejado*" ou "*O brinquedo americano vence o brinquedo caro*", determinam o desfecho do conflito. Uma vez que a sentença tenha sido tratada, cabe aos jogadores resolver a batalha entre o par de brinquedos interpretando a instrução e chegando a um acordo sobre qual brinquedo é identificado como o vencedor.

Toys: um jogo social para dois jogadores.

Configuração:

- Cada jogador escolhe três brinquedos para criar sua coleção de brinquedos.
- Embaralhe as cartas do jogo e dê duas para cada jogador. Mantenha essas cartas escondidas.
- Coloque as demais cartas viradas para baixo em uma pilha.

Objetivo:
O objetivo do jogo é derrotar a coleção de brinquedos de seu adversário.

Como jogar:
Primeiro, cada jogador escolhe um brinquedo para lutar, pega duas cartas do monte virado para cima e coloca nos retângulos com linha pontilhada impressos no tabuleiro. O resultado será uma declaração como: "*O brinquedo nu vence o brinquedo violento*".

Ambos os jogadores devem, então, decidir o resultado do jogo com base na melhor aplicação da instrução para os dois brinquedos. Se os jogadores não conseguirem chegar a um acordo, devem pegar duas cartas novas para criar uma nova instrução. Em qualquer ponto no jogo, os jogadores podem usar as duas cartas recebidas para alterar a instrução no tabuleiro.

Depois de uma partida, o perdedor escolhe um novo brinquedo em sua coleção para enfrentar o brinquedo vencedor. Aquele que derrotar todos os três brinquedos de seu oponente vencerá.

O conflito é uma parte intrínseca de cada jogo. Como já apontamos em ***Jogos como interação lúdica de simulação***, o conflito do jogo é geralmente um conflito militar territorial, um conflito econômico numérico ou um conflito sobre unidades fixas de conhecimento. O design de Toys, porém, apresenta um modelo alternativo. Embora lembre superficialmente um jogo de luta, na verdade, é um jogo de conflito *cultural*. As batalhas entre os brinquedos contrapõem os recursos culturais (caro, popular, americano, feminino) e são resolvidas por meio de uma classificação explícita desses recursos dentro de um sistema compartilhado de significados. A resolução de cada partida está na negociação do valor simbólico dos brinquedos. A fim de chegar à conclusão de que um brinquedo Transformer é mais masculino do que um boneco Big Bird, por exemplo, os jogadores devem concordar que o valor de um brinquedo excede o do outro quando se trata de uma masculinidade relativa. O que torna o elemento de colaboração de Toys tão atraente é que os jogadores trabalham juntos não apenas para atender um conjunto de condições de vitória (este brinquedo vence aquele brinquedo), mas também para navegar em uma área rica de sinais culturais. O jogo complica essa negociação usando não apenas um termo comparativo, mas dois (*o brinquedo americano vence o brinquedo caro*) e permitindo que os jogadores interfiram duas vezes durante um jogo para mudar estrategicamente a equação linguística.

As instruções geradas em Toys contêm um alto grau de ambiguidade estratégica e cultural; resolver essa ambiguidade é o propósito da interação lúdica. Embora haja muitos jogos que recompensam os jogadores pelo conhecimento cultural (tal como Trivial Pursuit), esses jogos geralmente fornecem as respostas corretas para as perguntas do jogo. O jogo Toys não fornece a resposta certa ou errada para a resolução de uma partida; o jogo conta com a autoridade dos jogadores para determinar a resposta. Na maioria dos jogos, os jogadores devem agir em seu próprio interesse. Mas o jogo Toys transforma a estrutura de autoridade tradicional de um jogo de dentro para fora: em vez de contar com as regras do jogo para resolver o conflito de cada rodada, os jogadores devem resolver as batalhas por meio de uma negociação potencialmente acalorada.

Ao desenvolver e testar o jogo com crianças em idade escolar, Eric descobriu, para sua surpresa, que dois jogadores realmente nunca afirmariam a vitória gratuitamente, mas quase sempre chegariam a um acordo rápido e mútuo no qual um brinquedo vencia um conflito. Com efeito, o jogo revelou que os tipos de significados propagados na cultura de jogos das crianças são compartilhados e por meio de seu valor comum, adquirem o status de fato — um fato que supera até mesmo o desejo de vencer de um jogador. Um jogo sobre a negociação de complexos sistemas sociais e culturais, Toys ilustra como os códigos simbólicos de raça, classe, gênero e estética circulam na cultura em geral. Ao longo do jogo, os significantes do status cultural de um brinquedo são usados como base tanto para o conflito como para sua resolução. Saber qual brinquedo é "mais forte", "mais rápido" ou mais "popular" do que o outro não só torna o jogo possível, mas também divertido. O Monstro do Pântano *versus* Meu Pequeno Pônei: o brinquedo ridículo vence o brinquedo nu. Quem ganha?

Como Toys demonstra de modo lúdico, os jogos são *contextos sociais para a aprendizagem cultural*. Os jogos sempre refletem a retórica cultural dos espaços onde foram concebidos ou são jogados; alguns jogos podem até mesmo transformar as ideologias de seus contextos. O desafio do design real do jogo é envolver-se com a retórica cultural mais do que apenas no nível superficial. Em vez de simplesmente aplicar um verniz de conteúdo político ou de narrativa cultural em seu jogo, como você pode incorporar seu questionamento ou remodelagem da retórica cultural na jogabilidade em si? Esses são problemas de design realmente difíceis. Mas, para os designers de jogos que procuram criar uma interação lúdica significativa não apenas no nível formal ou experimental, para os designers de jogos que querem explorar a interação lúdica e a inovação na própria cultura, os ***Jogos como retórica cultural*** são uma ferramenta de design indispensável.

Escrever | **SPORK:** Escreva o que comeu no café da manhã. **FOON:** Escreva o que comeu no jantar na noite passada.

Toys: exemplo de cartas do jogo

Toys: tabuleiro do jogo

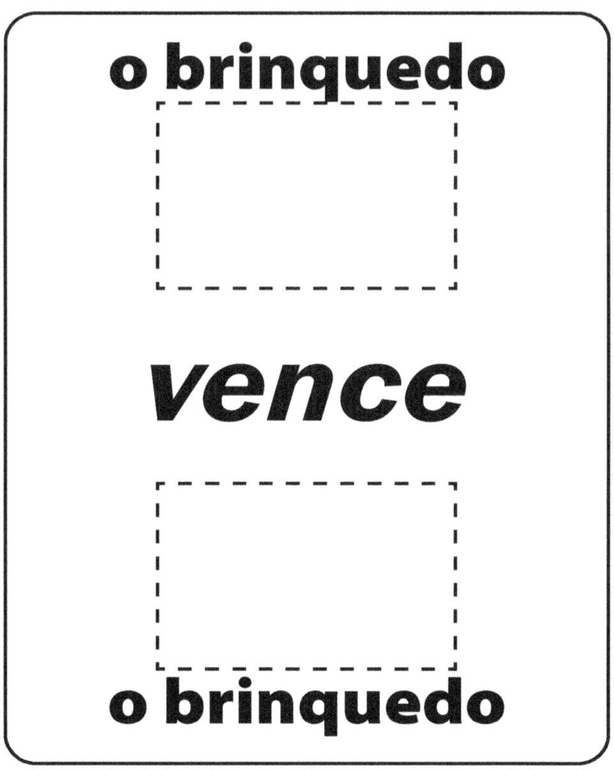

Leitura complementar

Air Guitar, de Dave Hickey

O ensaio "The Heresy of Zone Defense" é uma carta de amor do crítico cultural Dave Hickey ao jogo de basquete, formulada como um ensaio crítico sobre a democracia das regras. Uma parte divertida e comovente sobre as alegrias de quebrar as regras e o trabalho artístico de Dr. J, o texto deixa clara a conexão entre jogos, cultura e as ideologias muitas vezes ocultas que as regras de um jogo expressam e exploram.

Recomendados:
"The Heresy of Zone Defense"

The Ambiguity of Play, de Brian Sutton-Smith

Brian Sutton-Smith fez contribuições monumentais para o estudo dos jogos e das formas de interação lúdica em geral. Este trabalho é, de certa forma, um resumo de suas décadas de estudo, uma estrutura-chave para suas investigações interdisciplinares da interação lúdica e dos jogos na cultura. No livro, Sutton-Smith apresenta as sete "retóricas" primárias ou ideologias que estruturam a interação lúdica e explora como cada retórica oferece um entendimento diferente de como e por que jogamos.

Recomendados:
Capítulo 1: Play and Ambiguity
Os capítulos 2-11 focalizam as sete retóricas do jogo

From Barbie to Mortal Kombat: Gender and Computer Games, Justine Cassell e Henry Jenkins, eds.

Uma coletânea de ensaios focalizando as conexões entre meninas, jogos de computador e os tipos de identidades culturais e de gênero despertadas por tais conexões. Grande parte da análise se baseia na investigação inicial do movimento *Girl Games*, que argumentava que as meninas têm padrões de jogo e interesses diferentes dos meninos. A ideologia desse movimento foi, ela própria, atacada, conforme representado pelo ensaio final do livro, recomendado abaixo.

Recomendados:
Capítulo 1: Chess for Girls? Feminism and Computer Games
Capítulo 12: "Complete Freedom of Movement": Video Games as Gendered Play Spaces
Capítulo 14: Voices from the Combat Zone: Game Grrlz Talk Back

The Interpretation of Cultures, de Clifford Geertz

No ensaio clássico "Deep Play: Notes on the Balinese Cockfight" (Jogo Profundo: Notas sobre a Briga de Galos em Bali), o antropólogo Clifford Geertz argumenta que a função dos rituais, como os jogos, é interpretativa. Os jogos são a leitura de uma cultura de sua própria experiência, uma história que as pessoas contam para si sobre si mesmas. Na compreensão de como os jogos podem operar como formas da retórica cultural, é útil pensar sobre eles em relação aos tipos de histórias que os jogos contam sobre as culturas nas quais são jogados.

Recomendado:

"Deep Play: Notes on the Balinese Cockfight"

Testimony Before the U.S. Senate Commerce Committee, May 4, 1999, de Henry Jenkins <http://brownback.senate.gov/FinishedDocs/MediaViolence/990504jen.pdf>.

Jenkins é o diretor do Programa de Estudos Comparativos sobre a Mídia no MIT. Em maio de 1999, ele foi convidado a falar ao comitê do Senado dos EUA sobre os efeitos dos videogames e da violência. Jenkins argumentou de modo convincente contra as ligações entre o meio e o comportamento, derrubando muitos dos mitos comumente apontados pela mídia. Segundo Jenkins, a mídia e a violência têm uma relação complexa que não pode ser reduzida a argumentos singulares.

Notas

1. Simon Kuper, "The World's Game Is Not Just A Game", *The NewYork Times Sunday Magazine*, 26 de maio de 2002.
2. Brian Sutton-Smith, *The Ambiguity of Play* (Boston: Harvard University Press, 2001), p. 77.
3. E.M. Avedon e Brian Sutton Smith, eds. *The Study of Games* (Nova York: Wiley, 1971), p. 274.
4. Sutton-Smith, *The Ambiguity of Play*, p. 8.
5. Nwokah e Ikekeonwu, "Nigerian and American Children's Games", in *The Study of Play, Vol 1. Diversions and Divergences in Fields of Play*. Margaret C. Duncan, Garry Chick e Alan Aycock, eds. (Nova York: Ablex / Greenwood Publishing Company, 1998), p. 61.
6. Sutton-Smith, *The Ambiguity of Play*, p. 7-17.
7. Burton H. Wolfe, "The Monopolization of Monopoly: The Story of Lizzie Magie", *The San Francisco Bay Guardian*, 1976.
8. Greg Costikyan, *RE:PLAY: Game Design + Game Culture*. Conferência online, 2000. <www.eyebeam.org.replay>.
9. Henry Jenkins, "Complete Freedom of Movement: Video Games as Gendered Play Spaces". In *From Barbie to Mortal Kombat: Gender and Computer Games*, editado por Justine Cassell e Henry Jenkins (Cambridge: MIT Press, 1998), p. 279.
10. Ibid., p. 280.
11. Katie Salen, "Lock, Stock, and Barrel: Sexing the Digital Siren". In *Sex Appeal: The Art of Allure in Graphic and Advertising Design*, editado por Steven Heller (Nova York: Allworth Press, 2000), p. 148.
12. Ibid., p. 149.
13. Andrew Fluegelman e Shoshana Tembeck, *The New Games Book* (Nova York: Doubleday, 1976), p. 10.
14. Bernard DeKoven, *The Well-Played Game* (Nova York: Doubleday, 1978), p. 68.
15. Fluegelman and Tembeck, *The New Games Book*, p. 9.
16. Ibid.

Jogos como retórica cultural

Resumo

- **Os jogos são contextos sociais para a aprendizagem cultural**. Isso significa que os jogos têm uma dimensão ideológica: eles são um contexto por meio do qual a sociedade passa seus valores.
- **Retórica** é um discurso persuasivo ou uma narrativa cultural implícita. É um conjunto de ideias conectadas usadas para convencer os outros da veracidade das próprias crenças de alguém.
- Todos os jogos **refletem** a retórica do contexto cultural em que são projetados ou jogados. Isso é verdade tanto para os jogos históricos como para os contemporâneos.
- As retóricas culturais podem ser um aspecto inconsciente da ideologia de um jogo ou podem ser conscientemente concebidas em um jogo. Quando os designers de jogos permitem que a retórica cultural entre na interação lúdica de um jogo, eles estão criando uma instância de interação lúdica livre dentro de estruturas culturais mais rígidas.
- Brian Sutton-Smith identifica sete **retóricas de interação lúdica**. Quatro retóricas vêm de ideologias antigas — **destino**, **poder**, **identidade** e **frivolidade**. Três retóricas têm origens mais contemporâneas: o **progresso, o imaginário** e o **ego**. A retórica predominante na cultura contemporânea ocidental é a da *interação lúdica como progresso*: a noção de que a interação lúdica é para crianças e que é valiosa porque as ajuda a se desenvolver adequadamente como adultos.
- Retóricas culturais, como a representação dos gêneros nos jogos, são extremamente complexas. Essa retórica nem sempre se resolve em uma única interpretação ideológica. Por exemplo, embora o personagem do jogo Lara Croft desafie as retóricas do jogo para meninos em alguns aspectos, em outros aspectos o personagem segue rígidos estereótipos do gênero.
- Às vezes, a retórica cultural de um jogo pode mudar as estruturas culturais em que os jogos existem. Esse é o fenômeno da **interação lúdica cultural transformadora**.
- O **New Games Movement** é um exemplo de uma ideologia de design de jogos que conscientemente procura transformar a retórica cultural por meio de formas específicas de interação lúdica comunitária e design de jogos.

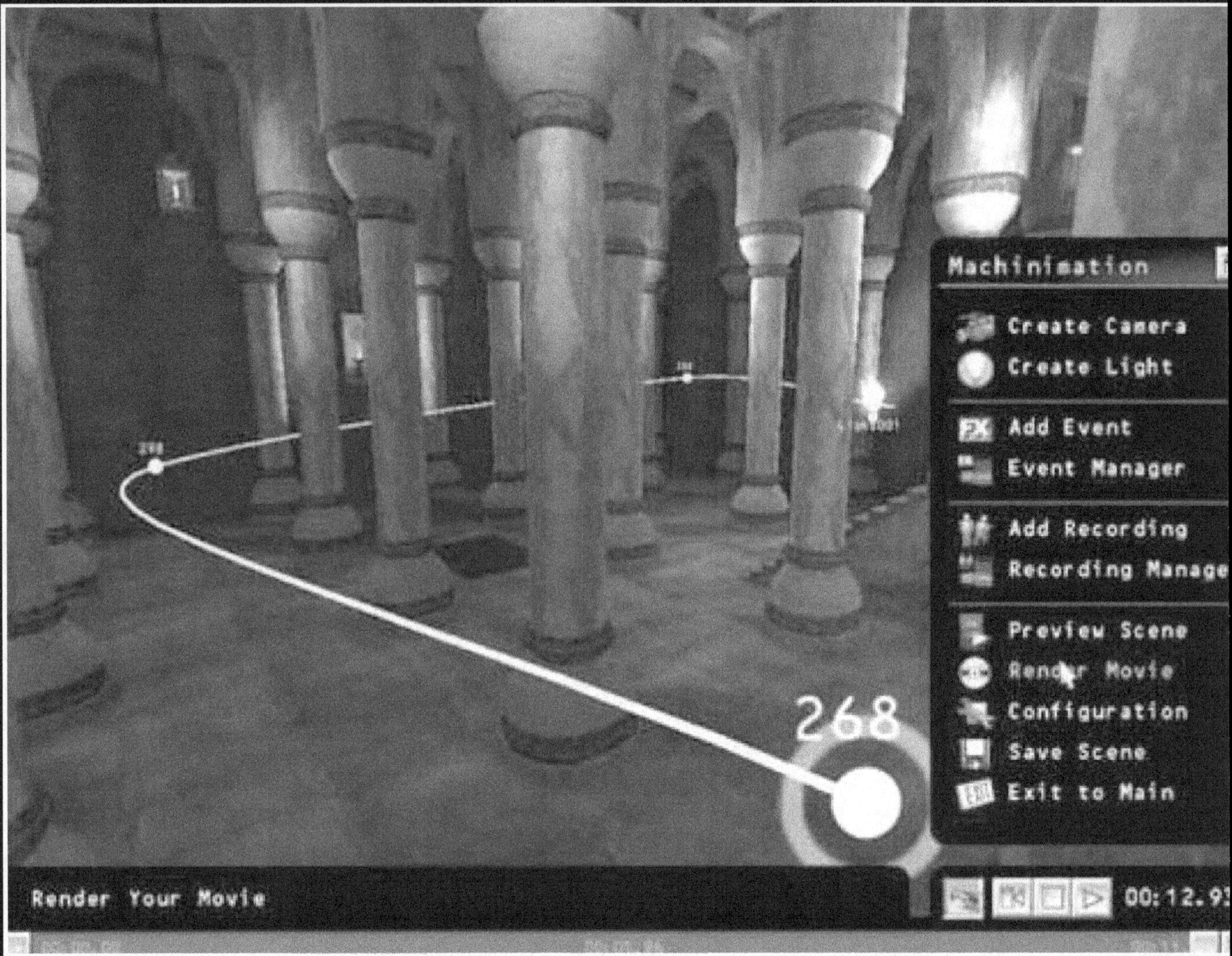
Machinimation
Create Camera
Create Light
Add Event
Event Manager
Add Recording
Recording Manage
Preview Scene
Render Movie
Configuration
Save Scene
Exit to Main
268
Render Your Movie
00:12.9

JOGOS COMO CULTURA ABERTA

31

Machinimation | Fountainhead Entertainment | **Hardly Workin'** | ILL

interação lúdica cultural transformadora
jogador como produtor
código-fonte aberto
metajogo
não hierárquica
acessível
não guiada
emergente
sistemas de jogo
machinima

Eu acho que uma das mudanças de nossa consciência de como as coisas vêm a ser, como as coisas são feitas e como funcionam (...) é a mudança de um paradigma da engenharia, que quer dizer um paradigma de design, para um paradigma biológico, que é cultural e evolutivo. Em muitas áreas agora, as pessoas dizem: como você cria as condições para permitir o crescimento das coisas que você quer que aconteçam?

— Brian Eno

Clan | **Rendezvous** | Peter Rasmussen | **Matrix: 4 x 1: Subway** |
Strange Company | **Icehouse** | Looney Labs

Introdução à cultura aberta

Em 2001, no Instituto de Arte Contemporânea, em Londres, o músico Brian Eno deu uma palestra relacionando o seu processo de composição ao Game of Life de John Conway. O "jogo" da vida, algo que encontramos pela primeira vez em ***Jogos como sistemas emergentes***, cria padrões inesperados de eventos a partir de um conjunto muito simples de regras. Trabalhando de forma semelhante, Eno gera composições musicais inesperadas a partir das interações de algoritmos simples. Em seus comentários, Eno identificou o desafio de design da música generativa como a dificuldade de escrever as regras do seu sistema: "Como você cria as condições para permitir o crescimento das coisas que você quer que aconteçam?" O designer de um sistema emergente nunca está projetando diretamente o comportamento real ou os resultados. Em vez disso, ele só pode projetar as estruturas formais que então continuam para produzir padrões de eventos. Um designer de jogos enfrenta um desafio semelhante, projetando as regras diretamente, mas apenas indiretamente criando o jogo. Como os jogos são emergentes, não é possível prever totalmente como um determinado conjunto de regras terminará em uma experiência de jogo em particular.

Esses conceitos devem ser familiares agora. Em ***Jogos como sistemas emergentes***, vimos como as operações formais integradas e dependentes do contexto de um jogo dão origem a uma complexidade inesperada. Em nossos esquemas da **INTERAÇÃO LÚDICA,** investigamos mais o fenômeno: explorando como a qualidade emergente do "mesmo mas diferente" de um jogo seduz os jogadores a repetir um jogo; como um simples jogo social, tal como o Mafia, pode produzir um jogo social emergente, ou como as estruturas narrativas emergentes (em oposição às incorporadas) do jogo produzem resultados inesperados da história. Mas, e quanto à **CULTURA**? O que significaria enquadrar os jogos como sistemas culturais emergentes, onde a complexa interação lúdica produzida pelo jogo ocorre não apenas no nível formal ou experimental, mas também em um nível cultural? Sabemos a partir do nosso capítulo sobre ***Sistemas*** que os jogos podem ser considerados sistemas abertos ou fechados. Os sistemas fechados não permitem a troca entre o jogo e seu ambiente; os sistemas abertos, sim. Quando um jogo é considerado como um sistema de cultura aberto, o espaço de possibilidades é expandido para incluir contextos fora do círculo mágico. A troca de significado entre um jogo e seu contexto cultural circundante pode mudar e transformar o jogo e seu ambiente.

Este esquema, ***Jogos como cultura aberta***, decorre de duas proposições: que a ação aberta emergente de um jogo pode ocorrer em um nível cultural e que, como sistema aberto, os jogos trocam significado com o contexto circundante. Os ***Jogos como cultura aberta*** baseiam-se na compreensão dos nossos capítulos anteriores sobre **CULTURA,** ao expandi-los consideravelmente. Este esquema também nos leva de volta, mais concretamente, para o reino do design. Enquadrar os jogos como uma cultura aberta lembra-nos que, mesmo como cultura, os jogos são sistemas compostos de elementos projetados que interagem para produzir efeitos culturais emergentes. Um jogo concebido como uma cultura aberta permite que os jogadores, de alguma forma, acessem a estrutura do jogo e alterem diretamente seus significados. Mas qual é a extensão dessa mudança? *Qual é a profundidade* da troca de significados entre o jogo e seu contexto? O sistema do jogo é afetado em um nível estético, como quando as skins dos avatares do jogo são personalizadas pelos jogadores? O sistema do jogo é afetado no nível da experiência, como em um mod personalizado que adiciona novas possibilidades interativas? Ou as próprias regras do jogo são mudadas no nível do código? Como cada um desses efeitos transformadores muda o significado cultural do jogo?

Inventando Jenny

O que é um jogo de cultura aberta? Vamos começar com um exemplo. Após o lançamento do MMORPG Ultima Online, a natureza aberta do jogo logo deu origem a um rico ecossistema de estilos de jogo. Os sistemas de habilidade do Ultima Online suportam uma impressionante variedade de profissões de jogador predefinidas, variando desde arquearia até o ofício de ferreiro e o de domador de animais selvagens. Contudo, assim que o jogo foi disponibilizado, um jogador particularmente empreendedor introduziu uma nova linha de trabalho, que aproveitou as propriedades emergentes do jogo. Contornando o sistema projetado de profissões no jogo, o jogador começou a operar dois personagens, um chamado Jenny e o outro, Pimp Daddy. Por meio desses personagens, a mais antiga das profissões foi introduzida como um novo fluxo de receita no universo do UO. Juntos, os personagens encontravam clientes, organizavam encontros e recolhiam o pagamento pelos serviços prestados. Embora os avatares dos jogadores realmente não pudessem representar relações sexuais dentro da estrutura do jogo, a narrativa implícita da interação era o suficiente para gerar um fluxo constante de clientes para Jenny e seu chefe empreendedor.

Esse comportamento do jogador era verdadeiramente emergente. Ele não foi projetado diretamente no jogo, mas foi possível graças às estruturas formais projetadas que permitiram aos jogadores nomear e customizar os personagens, mover-se no espaço de jogo, dar e receber dinheiro, conversar e interagir uns com os outros. O novo tipo de jogo facilitado por Jenny e Pimp Daddy era profundamente cultural, pois os personagens misturavam o mundo de fantasia medieval do Ultima Online com a fantasia *pulp* contemporânea (note o nome no estilo *blaxploitation* "Pimp Daddy"). O ato lúdico reinventou a ideia de uma "profissão" no mundo do jogo e deu novos significados para a troca e a utilização do dinheiro. Também levou a interação sexual para além do bate-papo picante baseado em texto adicionando uma estrutura mais significativa de narrativa e interação (organizar um encontro, encontrar um espaço isolado, trocar dinheiro). Esses efeitos culturais emergentes foram possíveis graças a um design de jogo que ofereceu aos jogadores uma expressão social modular por meio de um conjunto de interações muito simples.

Quando os designers de jogos estruturam os jogos como sistemas abertos e levam em conta o potencial dos efeitos culturais emergentes, eles podem criar jogos especificamente para a produção de formas inesperadas de interação lúdica. Mas a interação lúdica emergente também pode estender-se para além das fronteiras do próprio jogo. Projetar para uma interação lúdica cultural aberta pode aumentar a permeabilidade do círculo mágico, de tal modo que uma troca transformadora de significado ocorre em vários níveis. A noção de ***Jogos como cultura aberta*** implica um modelo de design de jogos no qual a estrutura de um jogo oferece aos jogadores uma agência criativa explícita.

Os jogadores são encorajados a adicionar, excluir ou alterar completamente a experiência de jogo por meio da manipulação do sistema do jogo. Chamamos isso de *paradigma do "jogador como produtor"*, uma estratégia de design associada à criação de interação lúdica culturalmente transformadora.

Jogador como produtor

Projetar um jogo significa criar um conjunto de condições muito específicas. Essas condições prescrevem as relações internas e externas para o espaço do jogo e determinam não apenas qual é o sistema do jogo, mas também, por implicação, o potencial que o jogo tem de se tornar. Os designs para os jogos de sistema aberto incluem condições que permitem que os jogadores afetem os jogos como *produtores* — de novos mundos, histórias e personagens do jogo. Os jogos de sistemas abertos, em outras palavras, são projetados para serem manipulados e modificados pelas pessoas que os compram e jogam. O design do The Sims, por exemplo, inclui recursos que permitem aos jogadores fazer o *download* de objetos para suas casas, criar suas próprias skins e produtos de consumo, ou fazer o *download* de *patches* do jogo que ofereçam variações na forma de jogar. Os designers de jogadores foram ainda mais longe, criando gráficos e patches de som que dão aos personagens a habilidade de falar de novas formas. Cada um desses pontos de entrada permite aos jogadores fazer escolhas sobre o quanto eles vão intervir no sistema do The Sims.

As ferramentas de design para os jogadores podem dar origem a uma ecologia inteira de cultura de fãs. Will Wright, designer-chefe do The Sims, descreveu o sistema social como uma pirâmide. Na parte superior (com o menor número de participantes) estão os jogadores que fazem as ferramentas de criação do jogo, tais como uma ferramenta gráfica 3D que permite que os jogadores modelem novos corpos do personagem. A próxima camada contém os jogadores que usam as ferramentas de design para criar os objetos do jogo, tais como novos corpos do personagem com uma anatomia inspirada em animais. Esses objetos são divulgados pelos jogadores na próxima camada, os webmasters que hospedam os sites Web do Sims. Na parte inferior da pirâmide (maior

Escrever | **SPORK:** Escreva o nome de um ex-presidente dos EUA ainda vivo. **Foon:** Escreva o nome de um ex-presidente dos EUA já morto.

em número de participantes), estão os jogadores que usam esses objetos em seu jogo.

O design do The Sims facilita o desenvolvimento desses grupos em todos os níveis. Em vez de um sistema fechado e hermético, o jogo The Sims é estruturado como um código modular, concebido para expansão e manipulação pelos jogadores. Mas código flexível não é suficiente: você precisa comunicar ao seu público a possibilidade de intervenção do jogador como produtor e cuidadosamente estimular o tipo de comunidade de jogadores apropriada para o seu jogo. Vários meses antes de lançar The Sims, a Maxis lançou um conjunto inicial de ferramentas de design. Essas ferramentas foram rapidamente aceitas e compartilhadas por toda a comunidade de jogadores, e prodigiosamente utilizadas — antes de o jogo chegar às lojas. A escritora J.C. Herz observa: "Nesse momento, mais de 90 por cento do conteúdo do The Sims é produzido pela população de jogadores... Esse é um processo completamente de baixo para cima, distribuído e auto-organizado".[1] Embora seja verdade que o crescimento da comunidade de The Sims foi estimulado por uma base existente de fãs dos jogos da Maxis, a imensa comunidade de jogadores-produtores de The Sims aconteceu por meio de um design comunitário cuidadoso.

Quando os jogadores se tornam produtores, suas atividades como jogadores ficam fora do círculo mágico e ocorrem em grande parte nos espaços externos do jogo. Essas atividades são uma forma de metajogo, um fenômeno do jogo descrito em ***Jogos como interação lúdica social***. No metajogo, os jogadores se envolvem com o jogo e entre si por meio de atividades e interações fora dos limites do jogo explícito. O paradigma do "jogador como produtor" exagera essas tendências de metajogo para criar formas mais radicais de jogo aberto. Quando o jogador se torna um produtor, os elementos do metajogo assumem uma vida própria, expandindo-se para além das atividades que se limitam apenas a comentar a ação do jogo para se tornar buscas que, literalmente, transformam a estrutura do jogo.

Não há um método que seja o melhor para a integração do paradigma do jogador como produtor no design de um jogo. As formas de jogo são radicalmente variadas, assim como o são as maneiras como os designers de jogos podem incentivar os jogadores a se tornarem produtores. As ferramentas para criar novos recursos do jogo podem vir junto com o produto, como no RPG Neverwinter Nights. As ferramentas de design de nível podem ficar livremente disponíveis dentro de uma comunidade online designada, como ocorre com o quebra-cabeça BLiX. Cartas em branco extras para os jogadores preencherem podem fazer parte de um baralho de jogo, como no jogo de cartas narrativo Once Upon a Tale. O código para um jogo digital pode ser disponibilizado para o público, como acontece com DOOM. Ou a própria premissa do jogo pode ser baseada na criação ativa do jogador, como acontece com RPGs de mesa que exigem que um jogador (o "Game Master") invente as aventuras do jogo.

Quando os jogadores se tornam os produtores do jogo, a emergência é multiplicada: além das formas inesperadas de ação que ocorrem dentro de um jogo, os jogadores-produtores criam contextos totalmente novos que, por sua vez, geram uma nova experiência. Conforme observamos em ***Jogos como sistemas emergentes***, um dos prazeres mais doces como designer de jogos é ver seu jogo disputado de maneiras não antecipadas. Lançar o jogador no papel de um produtor pode multiplicar esse prazer muitas vezes; ver seus jogadores construindo mundos completamente novos para compartilhar em uma comunidade de jogadores é algo incrivelmente estimulante. Há algo profundamente gratificante na criação de um jogo que permite aos jogadores participar como designers.

Produção significativa

O segredo para criar um jogo emergente do "jogador como produtor" é igual nos outros aspectos dos jogos. Projetar um jogo bem-sucedido é projetar um *jogo significativo*, onde o sistema do jogo suporta as escolhas que os jogadores fazem, tornando-as *compreensíveis* para o jogador e *integrando-as* ao sistema maior do jogo. No caso de jogos como cultura aberta, o escopo do jogo significativo estende-se para incluir os contextos culturais fora do círculo mágico do jogo.

Um exemplo de jogo aberto bem-sucedido origina-se de um recurso particular projetado do The Sims — o Álbum de Família. Segundo os criadores do jogo, o Álbum de Família foi concebido para deixar os jogadores tirar fotos de momentos especiais na vida de seus Sims e adicionar as fotos a um álbum de família, que eles poderiam projetar e manter. Curiosamente, o Álbum da Família acabou tornando-se uma ferramenta para a criação de histórias fictícias que, muitas vezes, não tinham nenhuma relação com os eventos do jogo. Tal como inicialmente previsto, os jogadores podiam tirar fotos durante o jogo que registrariam o estado atual de um jogo em andamento. Dessa forma, o Álbum de Família poderia documentar as atividades diárias dos Sims de um jogador. Mas muitos jogadores pegaram essa funcionalidade básica e a transformaram em uma forma alternativa de jogo, usando o recurso para criar *histórias* que assumem várias formas. Às vezes, essas histórias adotam a cultura popular (tal como a história de um Sim que aparece no programa de televisão do tipo *Big Brother*). Outras narrativas são informadas pelas experiências da vida real dos jogadores (a história de uma mãe lutando com o alcoolismo). Ainda, outras histórias imitam o mundo do jogo em si através de metanarrativas do Sims (como, por exemplo, a história da guerra da família "KTN" com a Maxis, empresa que desenvolveu o The Sims). O recurso do Álbum de Família do Sims é um exemplo maravilhoso do paradigma do jogador como produtor, gerando um jogo que *reflete* e *transforma* o mundo do jogo.

O recurso do Álbum de Família facilita o jogo significativo em vários níveis. Como um dispositivo de registro do jogo, ele adiciona uma camada de significado à ação padrão do jogo. Como em outras formas de *recontar a história do jogo* (*retelling play*, um conceito introduzido em ***Jogos como interação lúdica narrativa***), o jogo em si é recontado e reformulado para o jogador, pois as opções do jogo recebem um novo contexto para a apreciação. Quando os jogadores de Sims exploraram de modo criativo as possibilidades do recurso do Álbum de Família, ele passou de uma ferramenta de documentação

Trechos de The Metamora Family: *ID do usuário: dnknt98*

Magoria, sem saber das palavras que Elanora falou, começou a se preparar para os eventos que estavam por vir.

Quando a escuridão surgiu e os espíritos vagavam, Magoria falou sobre as maldades que ela estava disposta a realizar. Magoria abordou sua família e falou: "Neste Dia das Bruxas, a lua será cheia e será hora de completar a Passagem do Morto".

Charlie, incerto do que estava sendo falado, perguntou: "De qual maldade você fala, Magoria?"

"Eu sei, eu sei que vamos evocar o demônio de Guton", gritou Wenticia.

"Sim, isso está correto, começaremos a sacrificar os jovens e, em troca, ganharemos a vida eterna". Magoria virou e colocou a mão sobre o túmulo de Elanora, dizendo: "Esse é o destino de nossa família; nós triunfaremos".

Escrever | **SPORK:** Escreva o nome de um país da África. **FOON:** Escreva o nome de um país da América do Sul.

Trechos de Gingerbread: *ID do usuário: GoodHumor* 1

Bem-vindo à casa de George e Ginny Gingerbread! Depois de fugir por grande parte de suas vidas, o casal acaba de comprar uma casa que parece ter sido feita para eles.

Um cobertor macio de neve cobre o solo nesse dia frio no mês de dezembro. Jorge e Ginny, ex-corredores na faculdade, sonham abrir uma nova padaria gourmet em Simville. Mas, agora, estão ansiosos para comemorar o Natal em sua nova casa... isto é, se eles ficarem por tanto tempo.

2

Como a maioria dos fugitivos, George e Ginny são atormentados pela possibilidade de se tornar a próxima refeição de alguém. Ginny, ansiando por alguma normalidade em sua vida, está esperando encontrar novos amigos e, finalmente, estabelecer-se em um bairro onde ela e seu marido possam relaxar. George, por outro lado, é consumido pelo risco de terminar como parte do bufê de férias de alguém. É com alguma apreensão que Ginny anuncia,

"George, decidi dar uma festa em casa para conhecer nossos novos vizinhos."

George não está muito interessado nessa ideia até perceber que seria uma oportunidade de ouro para sondar os inimigos em potencial, você sabe, aqueles que podem achar seu corte de cabelo encaracolado um pouco apetitoso. Na verdade, ele se preocupa mais por Ginny. Ela tende a confiar demais. Sua natureza boa infelizmente colocou o casal em várias confusões. A vantagem disso é que toda essa "fuga" tem mantido os dois em ótima condição física.

Gingerbread (mostrado aqui) e ***The Metamora Family*** (página anterior) são os Álbuns de Família Sims criados pelos jogadores e postados para uma crítica no Sims Exchange, www.thesims.ea.com

3

... *George insiste que ele e Ginny durmam no quarto de visitas no primeiro andar. Dessa forma, ele estará pronto para qualquer coisa que possa aparecer... um roubo, incêndio, cochilo... o que for. Ele se preocupa com Ginny porque a ama muito. George tem um mau pressentimento sobre o personagem Newbie e planeja manter os olhos fixos nele.*

4

Com a paranoia aumentando, George aponta seu novo telescópio na direção da casa de Newbie. E, como ele suspeitava, Bob está tendo um tipo de reunião na mesa da cozinha com uma das cidadãs mais idosas de Simville, Joy Holiday.

"Tudo bem", suspira George, "Isso torna Joy o suspeito nº 4. Nossa, não se pode confiar em ninguém hoje em dia".

5

... *A lareira parece acalmar George, levando-o de volta às suas raízes. Ele deseja que, apenas uma vez, ele e Gina possam estar em um mundo sem tietes.*

Com Ginny dormindo no andar de cima, George consome xícara após xícara de café Expresso em um esforço para ficar acordado mais tempo possível... só para prevenir.

Ele está consciente de que Joy Holiday está à espreita no lado de fora da janela, em conluio com Bob, claro. George já informou a Joy que ele e Ginny não desejam ser itens de vitrine para sua padaria estúpida. Esses humanos!

Mas George finge calma. Ele não quer que Joy saiba que ele está ciente dela. Ele, porém, não está preocupado. Ela vai ter o dela também.

6

George nota que Bob Newbie passa muito tempo na casa com Ginny. E, como no outro dia, ele percebeu Bob entregando a Ginny um pedaço de papel. O que era AQUILO? E, para piorar a situação, George nem imagina que Frankie ainda quer reivindicar a casa como sua, de preferência sem incluir seus inquilinos atuais. George decide que câmeras de vigilância, alarmes e telescópios sozinhos não são adequados. Precauções extras são necessárias. Ele vai ao galpão nos fundos...

para uma ferramenta criativa. Os jogadores rapidamente começaram a fazer ajustes na maneira como jogavam o jogo, a fim de compor as "fotos" exatas que eles queriam para suas narrativas do tipo *storyboard*. Estratégias para um jogo bem-sucedido, tais como manter os personagens do jogo felizes, foram substituídas por estratégias de posicionamento de objetos e personagens em uma cena. Como os personagens Sims se movimentam por conta própria, pode ser bastante desafiador compor uma foto com vários personagens.

O recurso do Álbum de Família também gerou um novo contexto, fora do jogo, onde os jogadores podem criar e compartilhar significados online. As fotos do Álbum de Família tornaram-se formas de negociar estratégias e experiências do jogo e (mais frequentemente) criar histórias originais. O contexto Web fora do jogo deu suporte à realização desses significados e a comunidade de jogadores tornou-se um rico contexto social, onde os álbuns de história podem ser apreciados e compartilhados.

O recurso do Álbum de Família foi o resultado de decisões de design deliberadas por parte dos criadores do The Sims. Sua funcionalidade simples foi aceita pelos jogadores e usada de formas deliciosamente inesperadas. Além disso, outros aspectos dos jogadores como produtores do The Sims, tais como a habilidade dos jogadores em criar novos modelos de personagens, trabalharam em conjunto com o Álbum de Família para multiplicar o jogo significativo. Por exemplo, os jogadores artistas criaram Sims que pareciam personagens do filme Guerra nas Estrelas. Esses personagens foram distribuídos online pelos administradores da comunidade e puderam ser usados para jogar uma versão de Guerra nas Estrelas do The Sims. Mas os personagens também podem ser usados pelos jogadores narradores em conjunto com o recurso do Álbum de Família de contar um conjunto de histórias no universo de Guerra nas Estrelas. Toda essa ação aberta foi possível porque o jogo foi concebido como um sistema aberto para a manipulação, incentivando os jogadores a produzir novas formas de cultura como parte de seu jogo.

O que são jogos, especialmente os jogos digitais que se tornam um terreno tão fértil para a participação de jogadores? Uma resposta é que os jogos são intrinsecamente sistêmicos e os sistemas podem ser projetados para serem abertos. Como sabemos dos capítulos anteriores, os sistemas são compostos de elementos inter-relacionados com *atributos* específicos e relações, situados dentro de um ambiente. Em um sistema, existem diversas oportunidades para a intervenção por parte do jogador. Em um sistema de jogo aberto como The Sims, um jogador pode mudar os atributos de um objeto no sistema, projetando o skin de um personagem, ou alterar um dos *elementos* do sistema, projetando um novo objeto e adicionando-o ao mundo do jogo, como, por exemplo, colocando uma torradeira criada pelo jogador na cozinha de um Sim. Esse novo elemento pode, então, alterar a *relação* entre os elementos no sistema: a torradeira transforma o que os personagens Sim podem fazer na cozinha. Um jogador pode também intervir no nível do *ambiente* do jogo, criando um site de fãs que distribui os objetos do jogo ou criando um Álbum de Família Sims. Em todos os casos, o sistema do jogo aceita as alterações absorvendo-as e transformando-se de acordo.

Os artefatos do "jogador como produtor" não só refletem os significados e os valores dos jogos a partir dos quais eles surgem, mas também contribui para o significado e o valor dos contextos culturais nos quais os jogos existem. Algumas formas de produção do jogador movem-se de dentro do jogo para fora, tais como quando o Álbum de Família é usado para recontar a história do jogo. Outras formas podem mover-se de fora do jogo para dentro, como quando um personagem gerado pelo jogador é baixado para ser usado no jogo. Em ambos os casos, a permeabilidade do círculo mágico alimenta a inovação, resultando em sistemas ricos de produção cultural e novas formas de expressão criativa.

Jogos de código-fonte aberto

O jogo dos sistemas abertos preocupa mais do que a experiência do jogador: existem dimensões ideológicas também. Para explorar alguns dos valores implícitos na cultura aberta, faremos uma rápida mudança através do fenômeno do *software* de código-fonte aberto.

O código-fonte aberto tem dois recursos importantes: primeiro, o código é escrito como um sistema aberto que pode ser melhorado e modificado por uma comunidade de designers e não por uma equipe de desenvolvimento única; segundo, o *software* de código-fonte aberto é livremente compartilhado entre os usuários e seu código-fonte fica disponível. O modelo de desenvolvimento de *software* de código-fonte aberto é um caso não jogo do paradigma do "jogador como produtor", um precursor da interação aberta de muitos games contemporâneos.

O software de código-fonte aberto teve seu início na década de 1960 com a venda dos primeiros computadores em larga escala pela IBM e outros fabricantes. Esses computadores vinham com um *software* "gratuito" que permitia aos usuários *compartilhar* e *modificar* o código-fonte. Esse modelo de código-fonte aberto logo foi substituído por software proprietário como um padrão da indústria; ele não teria voz novamente até o início da década de 1990. Como Jesus M. Gonzalez nota sobre a história do *software* de código-fonte aberto, "Na década de 1960, a situação mudou após a separação entre *software* e *hardware* promovida pela IBM e, em meados dos anos 1970, era comum encontrar um *software* proprietário, no sentido de que os usuários não eram autorizados a redistribuí-lo, o código-fonte não estava disponível e os usuários não podiam modificar os programas".[2]

Embora o *software* de código-fonte aberto tenha continuado seu desenvolvimento durante os anos 1970 e 1980 em comunidades relativamente pequenas e isoladas, foi apenas no início dos anos 1990 que a comunidade de programação começou a mudar de maneira mais significativa. Segundo Gonzalez, um dos eventos mais importantes foi o lançamento público das primeiras versões do kernel do Linux (os elementos básicos do código do sistema operacional Linux) por Linus Torvalds, um estudante finlandês de ciência da computação. Torvalds disponibilizou o código do kernel do Linux para os programadores em todo o mundo, encorajando-os a colaborar na melhoria e na expansão de seu código. Torvalds acreditava que uma abordagem de sistema aberto para o design do *software* com a participação de usuários programadores era a maneira mais eficaz de desenvolver o kernel. Ele sabia que as pessoas que aceitassem sua oferta para executar e modificar o código poderiam levar o *software* para além do que ele conseguiria realizar por conta própria. O fato de que muitas pessoas estavam trabalhando com o código-fonte ao mesmo tempo permitia uma forma de redundância criativa: quando diversos programadores encontrassem o mesmo erro ou fizessem a mesma modificação, os pontos fortes e fracos do *software* inteiro ficariam muito mais claros.

Existe uma forte ligação entre o modelo de Torvalds e a ação emergente dos jogos como uma cultura aberta. Os sistemas de jogo aberto, tais como o *software* de código-fonte aberto (*open source*), são projetados para ser revolucionários, não estáticos, e para ser expressos de diversas formas. Os jogadores operam como uma comunidade de desenvolvedores, transformando os elementos do sistema de jogo, testando-os, compartilhando-os com outros jogadores e enviando-os para mais modificações. Essa ação livre não é obrigatória, claro: os jogadores de um jogo de "código-fonte aberto" podem modificá-lo se quiserem, mas não são obrigados a fazê-lo. O espírito do código-fonte aberto aceita vários níveis de participação, desde jogadores que gostam do jogo como ele é até aqueles que querem transformá-lo completamente.

Quando os usuários ou os jogadores manipulam uma estrutura e distribuem modificações para outros interessados, ele participam de uma economia de troca aberta a todos. Essa abordagem de código-fonte aberto tem as características de ser *não hierárquica*, *publicamente acessível*, *não guiada* e *emergente*. Esses quatro princípios são a base do *software* de código-fonte aberto, mas também descrevem os jogos de cultura aberta. De acordo com o modelo de código-fonte aberto, os usuários do código têm a liberdade de:

- Usar o *software* que desejam, para o que quiserem, em quantos computadores desejarem, em qualquer situação tecnicamente adequada.
- Ter o *software* ao seu dispor para adequá-lo às suas necessidades. Naturalmente, isso inclui melhorar, corrigir seus erros, aumentar sua funcionalidade e estudar sua operação.
- Redistribuir o *software* para outros usuários, que poderiam usá-lo de acordo com suas próprias necessidades.
- Os usuários de uma parte do *software* devem ter acesso ao seu código-fonte.[3]

Agora, releia esses princípios, substituindo "*software*" por "jogo" e "usuário" por "jogador". É impressionante a facilidade com que os conceitos do *software* de código-fonte aberto transferem-se para os jogos como cultura aberta. Nos estudos de caso a seguir, vamos explorar esses princípios no contexto de dois jogos, um não digital (Icehouse) e outro digital (Elemental). Embora o código-fonte aberto tenha emergido da ciência da computação, suas ideias podem ser aplicadas aos jogos dentro e fora do computador. Tudo o que é necessário é a concepção de um sistema aberto e uma comunidade de jogadores que desejam participar.

Sistemas de jogo

No domínio dos jogos não digitais, uma classe especial de jogos é conhecida como *sistemas de jogo*. Um sistema de jogo é um conjunto de componentes que funcionam em conjunto em vários jogos. O sistema de jogo mais utilizado é um baralho de cartas padrão. Ele tem 52 componentes (as cartas) que podem ser usados juntos para jogar milhares de jogos, desde Go Fish até Strip Poker. As peças de um Mah Jongg compõem um sistema de jogo utilizado em vários jogos diferentes, assim como um taco e uma bola. Um sistema de jogo é semelhante ao sistema operacional de um computador. Um único sistema operacional pode executar muitos tipos diferentes de *software*, assim como um sistema de jogo pode "executar" diversos conjuntos de regras. As qualidades abertas e variáveis dos sistemas de jogo tornam-nos casos verdadeiramente fascinantes de design de jogos.

Os sistemas de jogo, projetados intencionalmente para serem "abertos", contrastam com os jogos "fechados" que não oferecem a oportunidade para uma modificação feita pelos jogadores. Os jogos fechados contêm um conjunto único de regras e contam com componentes que podem ser utilizados apenas para esse jogo. O equipamento especializado de um jogo como golfe torna-o um jogo muito fechado. Há poucas variações populares no golfe pela simples razão de que a relação entre a bola, taco e campo de golfe é bastante específica; há relativamente pouco espaço para reinvenção.

Ao contrário de um jogo fechado, um sistema de jogo exemplifica todas as quatro qualidades do *software* de código-fonte aberto. Um sistema de jogo é não hierárquico, publicamente acessível, não guiado e emergente. Como o código de código-fonte aberto, os sistemas de jogo fornecem aos jogadores o "código-fonte" (componentes do jogo e, talvez, um conjunto de regras de exemplo ou dois) e incentivam os jogadores a modificá-lo da maneira que desejarem, de todas as maneiras como desejarem (geralmente inventando novos jogos para serem jogados com o sistema). Os jogadores podem redistribuir as regras para os outros, que jogam ou modificam os jogos novos de acordo com suas necessidades e interesses.

Um exemplo muito expressivo de um sistema de jogo não digital é o Icehouse Set, projetado por Andy Looney e John Cooper. Os componentes de um Icehouse Set são pirâmides coloridas de plástico empilháveis, com três tamanhos (pequeno, médio e grande). Há cinco pirâmides de cada tamanho e um conjunto com quatro jogadores Icehouse, portanto, há 60 pirâmides, quinze para cada jogador. O jogo original do Icehouse Set (chamados de "Icehouse") é um jogo de estratégia incomum jogado em tempo real sem rodadas. Os jogadores posicionam simultaneamente suas pirâmides coloridas em uma área central, uma a uma, empilhando e apontando suas pirâmides para atacar e defender. O jogo Icehouse é acelerado, altamente estratégico e bem original.[5]

O Icehouse Set levou à invenção de um grande número de jogos deliciosos e pouco convencionais, incluindo Zarcana e Gnostica, ambos jogados em um tabuleiro feito de cartas de tarô; variantes do xadrez como xadrez marciano e Pikeman; uma simulação de computador chamada RAMbots; um jogo de construção conhecido como Thin Ice; e uma epopeia do espaço sideral sobre o bem e o mal chamado Homeworlds. Para se ter uma ideia da incrível variedade de jogos desenvolvidos para o Icehouse Set, resumimos alguns jogos um pouco mais detalhadamente:

> *Volcano* é um jogo de enigma inteligente no qual os jogadores movem "coberturas" ao redor do topo dos vulcões, desencadeando erupções que causam correntes coloridas de lava fluindo por todo o campo de jogo. O objetivo do jogo é capturar o maior número de peças possível, com pontos de bônus concedidos para as combinações especiais. Cada jogador tenta acumular a maior pontuação e, em seguida, finalizar o jogo antes que outro jogador tenha uma chance de roubar a liderança. Volcano suporta qualquer número de jogadores, embora dois

a seis seja melhor. Ele também pode ser jogado por um único jogador como um desafio solitário.

Zarcana é um jogo de guerra, viagens, crescimento, vida e morte. As peças do Icehouse são seus subordinados, espalhando-se em um mundo composto por cartas de tarô. Você move seus subordinados por todo o tabuleiro, tentando ocupar cartas valiosas. O tabuleiro pode mudar, crescer e diminuir; portanto, os jogadores devem estar preparados para defender suas terras, invadir o território inimigo e colonizar novas terras. Cada jogador também tem uma mão de cartas tiradas do baralho de tarô. Cada carta tem um poder único e você pode usá-las para ocupar o tabuleiro, além das cartas em sua mão. O objetivo é ocupar o conjunto mais valioso de cartas no tabuleiro no final do jogo.

Zendo é um jogo de lógica indutiva, no qual um jogador, o Mestre, cria uma regra que os demais jogadores, como Alunos, tentam descobrir através da construção e do estudo das configurações das peças do Icehouse. O primeiro aluno que adivinhar corretamente a regra vence. Qual é a regra oculta? Isso tem relação com a cor relativa? Tamanho? Número? Padrão? Ou talvez seja baseado em algo fora do círculo mágico... Aparentemente simples, o Zendo recompensa a inteligência e a criatividade por parte de Alunos e Mestres.[6]

O desafio de projetar um sistema de jogo é encontrar um equilíbrio entre especificidade e flexibilidade. Os atributos formais e materiais dos componentes do sistema de jogo servem para determinados tipos de regras de jogo e experiências de interação lúdica. O sistema de jogo deve ter uma identidade muito específica — compare a especificidade do naipe e a ordem de um baralho de cartas com um conjunto de fichas em branco. Ao mesmo tempo, se os componentes forem muito específicos, como acontece no golfe, o sistema do jogo não terá a flexibilidade de produzir jogos novos. A flexibilidade muitas vezes se resume aos detalhes da forma física: as cartas podem ser embaralhadas, distribuídas, escondidas, exibidas, empilhadas, arrumadas e até atiradas em

Zendo

uma sala. Um taco de golfe é projetado para uma função muito mais limitada.

As pirâmides do Icehouse Set são um ótimo exemplo de um sistema de jogo bem projetado. Elas podem ser fisicamente configuradas de várias maneiras: empilhadas umas sobre as outras, apontadas umas para as outras como setas, organizadas em padrões ou distribuídas aleatoriamente — diferentes jogos Icehouse tiram proveito dessas capacidades (*affordances*) materiais de diferentes maneiras. O número de peças e a distribuição entre os três tamanhos e quatro cores também determinam as relações formais e os agrupamentos lógicos que podem ser expressos pela organização das peças. Os componentes do Icehouse Set incorporam elegantemente um conjunto flexível e expressivo de potenciais relações formais e experimentais.

O design do sistema do jogo é uma espécie de design do metajogo. Um designer de sistemas de jogos projeta a estrutura dentro da qual outros designers criarão os jogos. As "regras" do sistema são as qualidades físicas dos componentes do sistema de jogo; o "jogo" que ocorre é o design do jogo em si, resultando em conjuntos de regras que fazem uso do sistema de jogo. Esse tipo de processo requer que o designer de sistemas de jogos desista de um grau significativo de controle, na medida em que os outros jogadores-designers decidem como o sistema do jogo será usado nos jogos reais. Mas essa perda de controle é basicamente o que é tão gratificante em projetar sistemas de jogos: como uma plataforma para a criatividade voltada para os jogadores, um sistema de jogo é um catalisador para a interação lúdica verdadeiramente transformadora e emergente.

Fuga da masmorra

Como já mencionamos, os sistemas do jogo são como "sistemas operacionais" de código-fonte aberto. Os jogadores-designers interagem com os dados e escrevem seu próprio *software*, criando programas (conjuntos de regras) que manipulam ou transformam a organização dos dados do sistema de jogo. Surgem novos jogos que podem ser manipulados e novamente transformados. O sistema operacional do Icehouse Set nada mais é do que a coleção de 60 pirâmides coloridas e regras matemáticas e físicas estruturando seu espaço de possibilidades. Um simples e elegante kernel de SO, o Icehouse Set é, todavia, capaz de uma enorme variedade de expressão.

Talvez não surpreendentemente, os sistemas de jogos encontrem um lar natural quando voltamos nossa atenção para os jogos digitais. Starcraft, Pac-Man, EverQuest, Pong: cada um é um jogo e cada um é um *software* (literalmente). Os jogos digitais sempre tiveram uma afinidade natural com um modelo de *software* baseado em código-fonte aberto: o primeiro jogo de computador, Spacewar!, era um jogo de código-fonte aberto, cujo código foi alterado e distribuído pelos jogadores desde o momento de sua concepção. Sem a concepção do código-fonte aberto, o Spacewar! poderia nunca ter existido. Os jogos digitais sempre foram os candidatos prontos para um paradigma de código-fonte aberto; é dentro dos jogos digitais, de fato, que o modelo de jogador como produtor tem encontrado as vozes mais significativas e transformadoras até hoje.

Uma dessas vozes é Elemental, um mod "produzido por jogador" para o RPG de fantasia Dungeon Siege, criado pela Gas Powered Games. Elemental, que chamamos de mod de "conversão total": em vez de simplesmente inventar uma nova skin para um personagem, um novo nível ou um novo objeto no jogo, o mod transforma Dungeon Siege em um jogo completamente diferente. O resultado é um jogo que utiliza elementos do sistema de jogo básico do Dungeon Siege em um contexto radicalmente alterado de expressão. Como o Zendo para o Icehouse, o Elemental reformula o Dungeon Siege dentro de um espaço de jogo totalmente diferente.

A possibilidade de um mod, tal como o Elemental, só existe por causa dos desenvolvedores de software que trabalham a partir de um modelo de código-fonte aberto. A Gas Powered Games reconheceu a código-fonte aberto como uma ideologia que pode efetivamente melhorar e estender a vida de seus jogos. Como resultado, eles lançaram o Dungeon Siege com um conjunto robusto de ferramentas de desenvolvimento e edição de jogos que os jogadores podem usar para modificar o jogo em uma infinita variedade de maneiras. O Siege Editor proprietário, por exemplo, dá aos jogadores a liberdade de refazer quase todos os aspectos do jogo, tornando o Dungeon Siege não só um jogo, mas também uma plataforma de RPG para aqueles que querem criar seus próprios personagens, magias e calabouços — ou até mundos inteiros. Os jogadores podem publicar na Web esses arquivos criados pelo usuário, tornando-os disponíveis para qualquer um baixar e explorar ou jogar como um jogo multiplayer.[7]

A Team Elemental, a equipe de desenvolvimento de (a maioria amadores) programadores, artistas, designers de jogos, designers de níveis, artistas de GUI e de conceito que vivem e trabalham em vários países ao redor do mundo, pegaram essas ferramentas e começaram a criar mods. Impressionados com o mecanismo robusto do Dungeon Siege, eles rapidamente perceberam que o que poderia ser feito com o jogo estava limitado apenas pelas suas imaginações. Eles decidiram afastar-se do mundo Tolkienesco do jogo original para inventar algumas coisas radicalmente diferentes com os cenários, enredo e mecânica de jogo. A experiência resultante do jogo seria muito diferente do que o jogo original oferecia. Afetivamente descrito como "biblepunk" (os jogadores são os ex-escravos buscando vingança na antiga cidade de Jericó), ele continuará a ser visto se a comunidade Dungeon Siege abraçar o mundo novo criando novos mods para ele.

Um dos recursos únicos de criação do Elemental foi o ambiente de colaboração alimentado pelos desenvolvedores do Dungeon Siege. Embora muitos jogos de código-fonte aberto tornem seu código disponível para a modificação pelos jogadores e muitas vezes forneçam conjuntos de ferramentas para ajudá-los a fazê-lo, a Gas

Editor de Dungeon Siege

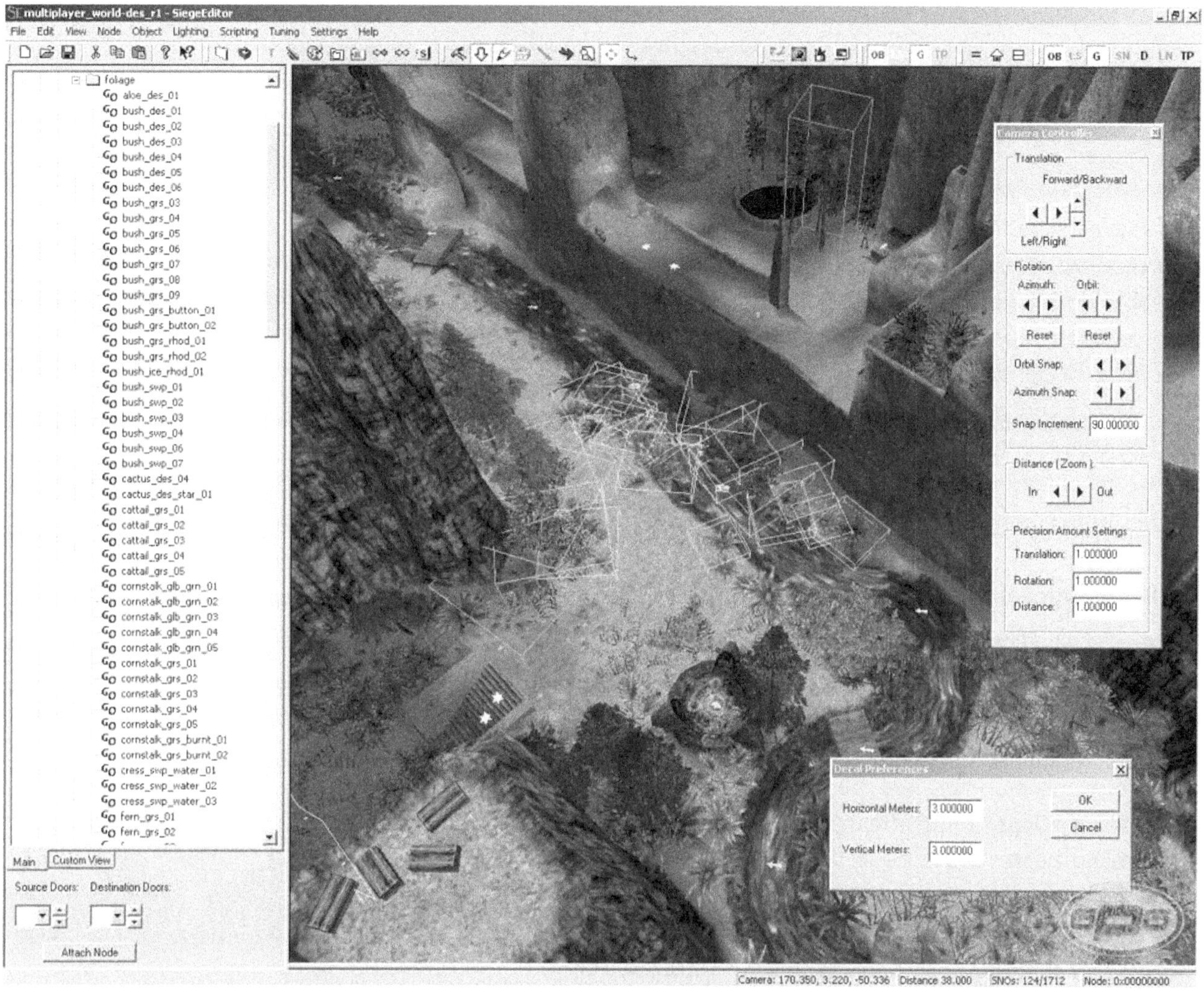

Powered Games assumiu um papel ativo ao apoiar a Equipe Elemental. Os programadores que codificam o mod trabalharam em contato direto com os engenheiros do jogo original, que ofereceram dicas e conselhos para trabalhar com os aspectos mais complexos do código. Claramente, a Gas Powered Games abraçou o paradigma do "jogador como produtor" ao construir e nutrir uma comunidade de jogadores ativos. Como Chris Taylor, presidente e designer de jogos da Gas Powered Games, afirmou numa entrevista, a iniciativa de apoiar a comunidade de mods surgiu de sua experiência com um jogo anterior:

> A maior parte dessa unidade vem da nossa experiência de trabalho em Total Annihilation. Aprendemos que uma grande comunidade poderia impulsionar um jogo a novos níveis de diversão e transformá-lo em algo que ninguém pensou que poderia ser. Achamos essa ideia muito empolgante e, de muitas maneiras, sentimos que é o caminho do futuro. Imagine pessoas de todo o mundo que trabalham juntas em equipes para criar novas aventuras fantásticas, histórias, personagens. As possibilidades são infinitas, e esse é apenas o começo![8]

O investimento de Taylor no apoio à comunidade de jogadores e à criatividade claramente valeu a pena. Elemental é apenas um exemplo do quanto os jogadores estarão dispostos a se dedicar quando o design de um jogo os inspira a estender e reinventar jogando com as regras do jogo. O jogo de transformação cultural que surge da produção do jogador realimenta o modelo de código-fonte aberto a partir do qual o jogo foi desenvolvido, aumentando exponencialmente as possibilidades do espaço de interação lúdica da comunidade.

Icehouse e Dungeon Siege exibem três qualidades essenciais dos jogos de código-fonte aberto: os jogos são sistemas abertos que podem ser *modificados* por uma comunidade de jogadores, em vez de um único desenvolvedor; os jogos são livremente *compartilhados* entre os jogadores e os desenvolvedores; e o *código-fonte* é livremente disponibilizado. No caso do Dungeon Siege, não apenas o código-fonte, mas também as ferramentas de desenvolvimento são disponibilizadas para os jogadores, aumentando a facilidade e a profundidade das modificações possíveis.

Usando recursos dos jogos para criar filmes

Às vezes, o paradigma do "jogador como produtor" leva a modificação de um jogo tão longe que a atividade inventada não se assemelha mais à ação do jogo. Tal é o caso de machinima, um fenômeno da cultura aberta do "jogador como produtor" que mencionamos pela primeira vez em ***Jogos como interação lúdica narrativa***, que evoluiu a partir dos jogos de tiro em primeira pessoa. Jogos FPS como Quake e DOOM foram alguns dos primeiros a oferecer um editor de código-fonte aberto para os jogadores, que lhes permitia projetar e programar seus próprios mapas (ambientes), skins (avatares do personagem), armas e ferramentas para o jogo. Essa abordagem pioneira, uma consequência direta da cultura do *software* de código-fonte aberto, ofereceu um poder sem precedentes aos jogadores para modificar o jogo alterando as formas e os espaços de interação.

O jogo DOOM definiu o padrão para os jogos digitais de cultura aberta, mas seu prodígio de alta resolução, Quake, levou tudo a um nível mais alto. Os jogadores (ou grupos de jogadores conhecidos como clãs) escreveram modificações no código do Quake e postaram-nas online para que outros entusiastas fizessem o *download* e usassem. Quase de imediato, nasceu uma economia da produção cultural do Quake. Essa economia ultrapassou a fronteira da inovação técnica, alimentada pelo desejo dos jogadores dedicados em explorar os limites absolutos da tecnologia. Até que ponto o código pode ser avançado antes de o sistema ser transformado? Testemunhe o nascimento do filme Quake.

Quase tão logo o Quake foi lançado em 1996, os jogadores começaram a tentar jogar em seus níveis o mais rapidamente possível e a compartilhar as gravações de suas proezas com os outros, competindo para vencer os tempos dos outros. Esse tipo de competição, conhecida como *speedrunning*, foi criado no início do DOOM, um jogo que, como o Quake, dava aos jogadores a possibilidade de gravar e salvar seu jogo. Embora essas demos

Scourge Done Slick, 1998 | Quake Done Quick

Father Frags Best, 1999 | Phil Rice, vulgo Overman

fossem claramente uma forma de recontar a história de um jogo, logo assumiram um papel muito diferente. Como o recurso do Álbum de Família do Sims, os jogadores começaram a usar a função de gravação para contar histórias. Em vez de criar narrativas em uma forma de *graphic novel*, como acontece com The Sims, os jogadores de FPS adotaram as capacidades de edição em tempo real dos robustos mecanismos de jogo 3D, nos quais seus jogos eram baseados. Foi só uma questão de tempo antes que alguém saltasse para o filme.

Devil's Covenant, 1998 | Phantasm Clan

Anachronox, 2001 | Jake Hughes, diretor

Segundo a tradição Quake, em agosto de 1996, um clã conhecido como The Rangers teve a ideia de gravar um demo que iria explorar as capacidades de cinema predefinidas do software do jogo. Em vez de restringir sua gravação demo para jogar dentro do jogo, os The Rangers usaram o Quake como uma ferramenta de cinema. Essa decisão transformou o espaço do jogo em um set de filmagem virtual, completo com luzes, câmera e ação — muita ação. Os Rangers usavam seus personagens como atores virtuais e gravavam seus movimentos em um mapa de *deathmatch*; as mensagens de texto digitadas representavam a fala. Por mais curto e simples que seu primeiro esforço pareça hoje, o "Diary of a Camper" estabeleceu o gênero cinematográfico machinima, gerando centenas de filmes até esta data. Respondendo criativamente às capacidades (*affordances*) do sistema de jogo, os jogadores Quake não só transformaram a ação do jogo, mas também obtiveram um modelo de código-fonte aberto e o aplicaram à produção de novas formas de cultura.

Parte teatro, parte filme, parte jogo de computador, a machinima representa o tipo de troca espantosa que resulta do jogo completamente transformador. O jogo cultural da machinima cruza os níveis formais, experimentais e contextuais quando os jogadores adaptam de modo lúdico as estruturas originais do jogo. A estrutura formal do código do jogo deu forma a uma nova maneira de contar histórias, fruto da cultura do tiro em primeira pessoa.

Formas estilizadas de expressão pública e privada, os filmes em Quake incorporam as trajetórias alternativas para a produção criativa. Os jogadores na cultura da machinima podem assumir uma variedade de papéis: construtores de mapa, codificadores, *skinners*, atores, criadores de modelos — ou, talvez, um distribuidor de filmes completos. Sites como machinima.com, Quake Movie Library, o Cineplex da Planetquake e Zaratustra Studios suportam a produção de filmes oferecendo ferramentas, tutoriais, críticas de filmes e, o mais importante de tudo, *downloads* gratuitos dos próprios filmes.

Os filmes em Quake e outras formas de machinima oferecem um espaço único de interação lúdica culturalmente transformadora: os produtores da machinima desconstroem o jogo para poder interagir com ele. Em vez de aceitar as regras, eles as desafiam e as modificam.

Essa prática criativa é uma forma de quebrar as regras, que ocorre no nível profundo do código. Forçando e modificando a estrutura formal do jogo, os jogadores afetam sua experiência com o jogo, remodelando sua interação lúdica em algo que pouco se assemelha à sua antiga forma.

De volta ao círculo mágico

O modelo de jogos como cultura aberta oferece aos jogadores grandes oportunidades para participar de sistemas maiores de produção cultural. Os artefatos de design deixados no rastro dessa produção — desde os sistemas de jogo abertos até as histórias do Álbum de Família e o machinima — permeiam o círculo mágico em dois sentidos. Em primeiro lugar, os artefatos alimentam o jogo de fora *para dentro*:

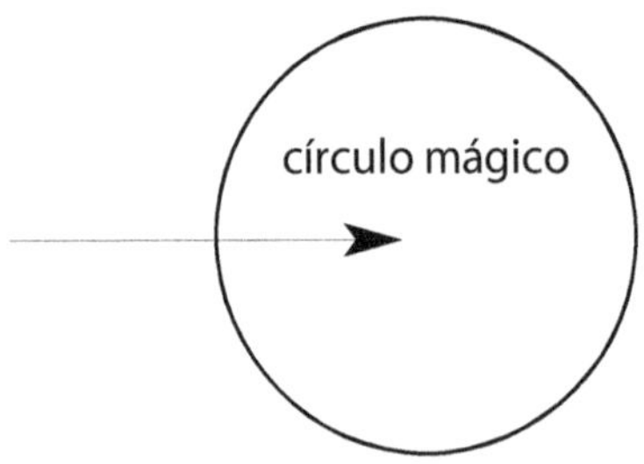

em outras palavras, muitos casos de produção do jogador ocorrem na estrutura do próprio jogo. Sejam novas fantasias desenhadas por jogadores para um LARP, sejam novas skins projetadas para o Half-Life ou o Quake, os elementos são absorvidos *no* círculo mágico, onde ganham significado por meio da ação do jogo.

Ao mesmo tempo, os artefatos criados pelo jogador também podem alimentar o jogo de dentro para *fora*, trazendo significado para o jogo através da sua circulação na cultura.

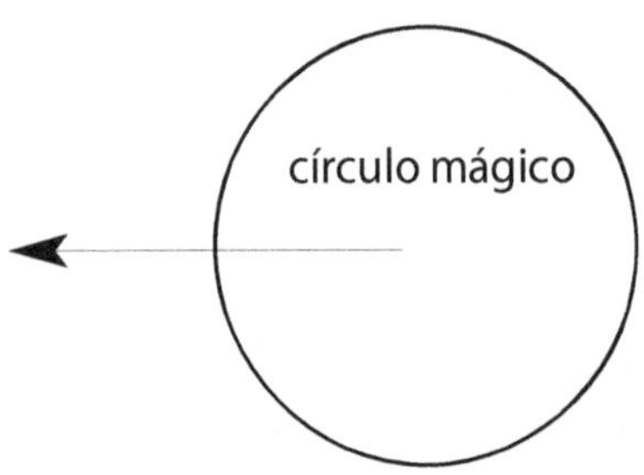

As histórias do Álbum de Família do The Sims, por exemplo, afetam o valor popular do jogo por meio da revelação pessoal em um contexto comunitário. As histórias criadas pelos jogadores falam de culturas em transição e oferecem um vislumbre sobre a psique de um meio social. Ao ganhar vida além das fronteiras do espaço de jogo a partir do qual nasceram, artefatos como as histórias do Álbum de Família do Sims criam ciclos de feedback próprio, formulando novos territórios culturais a serem explorados e, por sua vez, transformados. Esse movimento da *reflexão* para a *transformação* é outro caso de jogo culturalmente transformador.

Enquadrar os jogos como cultura aberta é apenas uma maneira de ver o potencial dos jogos em agir como sistemas abertos. A maioria dos jogos envolvem contextos culturais de uma maneira muito aberta. Os jogos são incorporados nos estilos de vida, mídia, ideologias, histórias e uma variedade de contextos sociais. Como designers, temos de identificar e inventar estratégias de design que promovam formas de intercâmbio entre os jogadores, seus jogos e cultura. Os designs de jogos que dão aos jogadores as ferramentas para atuar como produtores criativos nos sistemas do jogo aberto são uma dessas estratégias, um modelo rico para uma prática de design colaborativo entre o designer e a comunidade, entre o jogo e o jogador.

Como sabemos a partir de nossos estudos da emergência, a ação dos jogos produz resultados inesperados. Ver seu jogo criar experiências de jogo, artefatos de jogador e efeitos culturais emergentes que você não poderia ter antecipado é um prazer especial reservado para os designers de jogos. Portanto, verifique se seus jogos têm o potencial de surpreendê-lo, criando momentos de jogo aberto para seu público. Isso não significa que sempre você tem que criar um jogo radicalmente centrado na ação: lembre-se de que o design de cultura aberta existe ao longo de uma escala móvel, desde atividades puramente internas, tais como encontrar novas estratégias de jogo, até a produção de novos elementos do jogo e o potencial transformador dos jogos em afetar uma cultura maior. Enfrentar esse desafio de design significa decidir quais formas de cultura aberta você pretende facilitar no seu jogo e quais tipos de jogo significativo você gostaria de ver surgir. Acima de tudo, confie em seus jogadores. Capacite e envolva suas comunidades. E projete para uma cultura aberta. Quem sabe você pode acabar inspirando belas e novas maneiras de jogar.

Leitura complementar

Game On: The History and Culture of Videogames, Lucien King, ed. (ver página 137 do volume 3)

> ***Recomendados:***
>
> "Gaming the System: Multi-player Worlds Online", J. C. Herz
> "Pokémon as Japanese Culture?", Masuyama

"***Game Systems: Part I, II, III***", de Ron Hale-Evans <www. thegamesjour-nal.com/articles/GameSystems1.shtml>

Nesta série de três partes, o designer de jogos Ron Hale-Evans explora o conceito de um sistema de jogo: um conjunto de componentes (como um baralho de cartas) que funciona em conjunto para formar uma variedade de jogos diferentes. Sua investigação inclui uma gama de sistemas de jogo menos conhecidos e fascinantes. Embora Hale-Evans se concentre em jogos baseados em papéis, sua análise tem relevância para a exploração da cultura de mods nos jogos digitais.

Textual Poachers: Television Fans and Participatory Culture, de Henry Jenkins

Em seu estudo da cultura de fãs da mídia, Jenkins representa os fãs da mídia dentro de um paradigma de "jogador como produtor": construir ativamente seus próprios objetos e significados com materiais emprestados. O estudo de Jenkins é de particular relevância para a cultura da escrita de programas, estilos, truques que surgem dos jogos de código-fonte aberto.

> ***Recomendados:***
>
> Capítulo 1: "Get a Life!": Fans, Poachers, and Nomads
> Capítulo 5: Scribbling in the Margins
> Capítulo 7: "Layers of Meaning": Fan Music Videos and the Poetics of Poaching

Notas

1. J. C. Herz, "Gaming the System: Multi-player Worlds Online". In *Game On: The History and Culture of Video Games,* editado por Lucien King (Londres: Laurence Ling Publishing, 2002), p. 91.
2. Jesus M. Gonzalez, "A Brief History of Open Source Software". <http://eu.conecta.it/paper/brief_history_open_source.html>.
3. Ibid.
4. Ron Hale-Evans, "Game Systems: Part I". <www.thegames-journal.com/articles/GameSystems1.shtml>.
5. Ibid.
6. The Official Icehouse Homepage, <www.wunderland.com/ice-house/Default.html>.
7. <http://dungeonseige.com>
8. Tricia "Kazi Wren" Harris, "Mod World: Part 12". *Gamespy. com*. 22 de agosto de 2002. <www.gamespy.com/mod-world/august02/modworld12>.

Jogos como cultura aberta

Resumo

- O esquema *Jogos como cultura aberta* é baseado em duas premissas: em primeiro lugar, como sistema aberto, o jogo ocorre no nível da cultura; em segundo lugar, os jogos trocam significado com seu contexto em circundante.
- O **jogo cultural transformador** ocorre quando a qualidade do sistema aberto de um jogo leva a uma troca entre os significados de um jogo e a cultura em geral, alterando o contexto do jogo.
- O **paradigma do "jogador como produtor"** é uma abordagem de design e um fenômeno social no qual os jogadores têm a oportunidade de atuar como produtores criativos dentro do sistema do jogo, modificando-o nos níveis formal, experiencial ou cultural.
- Quando os jogadores se tornam produtores, suas atividades são uma forma de **metajogo**, pois eles interagem com o jogo fora dos limites do círculo mágico.
- Os produtores-jogadores têm o potencial de criar contextos inteiramente novos para o jogo, uma propriedade emergente dos jogos como cultura aberta. Esses novos contextos podem, eles próprios, incentivar novas experiências do jogo, criando situações de interação lúdica transformadora.
- O **código-fonte aberto** é um modelo de desenvolvimento de *software* com duas características importantes que suportam a produção centrada no usuário: primeiro, o código é escrito como um sistema aberto disponível para a modificação e a troca por uma comunidade de designers; em segundo lugar, o código-fonte está sempre disponível e é compartilhado livremente.
- As qualidades dos jogos de cultura aberta são semelhantes às características fundamentais do *software* de código-fonte aberto. São elas: **não hierárquica**, **publicamente acessíveis**, **não guiadas** e **emergentes**.
- As modificações produzidas pelo jogador podem se dar de duas maneiras: a produção que ocorre dentro do círculo mágico e se move para fora (de dentro para fora) ou a produção que ocorre no âmbito da cultura e se move para dentro do jogo (de fora para dentro).
- Os **sistemas do jogo** são conjuntos de componentes que podem ser usados para jogar diferentes jogos. Os sistemas de jogo podem ser digitais (um mecanismo de jogo com código-fonte aberto) ou não digitais (um conjunto de materiais de jogo físicos).
- **Machinima** são os filmes animados criados com a tecnologia do mecanismo do jogo.

JOGOS COMO RESISTÊNCIA CULTURAL

Counter-Strike | Valve | | SiSSYFiGHT 2000 | Word.com

32

interação culturalmente lúdica transformadora

atrito como resistência

modificações do jogo

jogos FVM

alteração

justaposição

reinvenção

Então, você foi direto para o parque após verificar a turma em busca de um jogo aberto. Há cinco garotas na sala, com duas estando visivelmente em silêncio. O jogo começa. Sem aviso, uma provocação de duas meninas de repente tira a metade dos seus pontos! A próxima rodada, uma de suas tagarelices quase elimina você! As duas meninas permanecem em ***silêncio, sem um arranhão*** *— literalmente. No final de um jogo muito curto, as duas meninas completamente em silêncio saem vitoriosas sobre os corpos quebrados de todos os outros na sala —* ***e nem uma palavra foi dita entre as duas!*** *Como elas conseguiram?*

Você pode ter sido vítima de duas trapaceiras...

Independentemente de ganhar ou perder, você tem a obrigação de deixar o resto da comunidade do SiSSYFiGHT saber sobre as trapaceiras.

— www.sissyfightnews.com

Introdução à resistência cultural

Em ***Jogos como cultura aberta***, vimos *quais* formas de produção-jogador podem ocorrer nos jogos e *onde* essas formas de produção estão situadas em relação ao círculo mágico. Mas ainda temos perguntas a serem respondidas: *como* as formas de produção-jogador são projetadas e *por que* elas ocorrem? Como, por exemplo, as comunidades de trapaceiros e vigilantes surgem na comunidade SiSSYFiGHT 2000 on-line? Por que aparecem e qual a sua importância para a interação lúdica do jogo?

Neste esquema, ***Jogos como resistência cultural***, levamos adiante muitos dos temas e conceitos do capítulo anterior, incluindo a produção-jogador, a interação lúdica cultural transformadora e a troca de significados entre um jogo e seu contexto. Ao fazê-lo, no entanto, nosso foco se estreita consideravelmente. ***Jogos como resistência cultural*** destacam as intervenções do design que chamam a atenção específica para as fronteiras do círculo mágico por meio de atos da resistência criativa.

O que exatamente queremos dizer com "resistência"? Vemos o conceito de resistência por meio de uma ampla rubrica de *atrito*, uma noção mais geral que o entendimento usual de "resistência" como oposição política. A resistência às vezes pode ser política, mas também pode assumir outras formas. Quando dois fenômenos entram em contato conflituoso um com o outro, o resultado é um atrito, ou resistência. Neste capítulo, veremos o atrito que pode ocorrer entre os jogos e seus contextos culturais, quando se age para resistir a outra pessoa. O termo "atrito" pode fazer esse processo parecer negativo, mas a resistência que resulta pode afetar a interação lúdica de formas profundamente significativas. Por exemplo, podemos utilizar o conceito de atrito para reformular a relação entre as regras e o jogo. Em ***Definindo a interação lúdica***, identificamos a interação lúdica como o *livre movimento dentro de uma estrutura mais rígida*. Considerando um jogo como resistência ou atrito, a livre interação lúdica colide com as estruturas rígidas das regras, produzindo tensão. A qualidade exata dessa tensão determina a experiência de interação lúdica específica de um jogo.

Enquadrado como esse tipo de resistência, a "interação lúdica livre" é sempre já transformadora. A interação lúdica nunca reside meramente em um sistema de normas, mas por meio de um processo contínuo de atrito, afetando a mudança no sistema. O atrito da água fluindo contra a rocha e a terra vai, com o tempo, alterar a estrutura mais rígida do leito dos rios. Da mesma forma, quando enquadramos um jogo como sistema de resistência, a própria interação lúdica do jogo é intrinsecamente transformadora. Essa transformação não ocorre somente no nível das regras, mas nos níveis culturais também, pois a resistência cria tensões entre o círculo mágico e os contextos em torno do jogo.

No capítulo anterior, apresentamos Jenny e Pimp Daddy como personagens que surgiram a partir de um ato da interação lúdica transformadora. Do ponto de vista da resistência cultural, o par ganha ressonância não só nas construções formais do mundo do jogo Ultima Online, mas também como uma estratégia de resistência contra as suposições culturais recebidas sobre o que constitui uma profissão "adequada" no jogo. Com efeito, o atrito criado pela adição de uma profissão "não permitida" chamou a atenção para os preconceitos morais invisíveis no jogo. O preconceito foi tingido, talvez, com uma retórica cultural da *interação lúdica como progresso* que procura reprimir as formas de interação lúdica sexual transgressora. Mas é preciso saber se a própria interação lúdica emergente de Jenny e Pimp Daddy produziu mais exemplos de atrito. Por exemplo, uma crítica feminista contra o status de Jenny como um objeto sexual feminino pode ter surgido no jogo, levando a protestos antiprostituição, ou talvez um serviço de gigolô exclusivamente masculino. A resistência em um jogo muitas vezes leva a uma maior resistência, criando sistemas multicamadas de interação lúdica cultural.

O segredo para esse exemplo é o fato de que a "profissão" de prostituição em Ultima Online surgiu como uma propriedade de interação do jogador. Jenny e seu cafetão foram criados como personagens no jogo; a resultante interação lúdica transformadora cresceu a partir de uma compreensão dos papéis que tais personagens iriam desempenhar no mundo real. A prostituição em Ultima Online surgiu a partir das estruturas formais e narrativas do jogo quando elas entraram em conflito com as expectativas da narrativa do mundo real. O resultado inteiro, como acontece com todos os sistemas complexos, foi mais do que a soma das partes, um exemplo de interação lúdica que modificou o jogo, ao mesmo tempo que transformou as atitudes e as suposições da comunidade do jogo.

Jogo FVM

Sobre a música punk, o crítico de rock Greil Marcus escreve: "Os Sex Pistols fizeram uma ruptura no meio pop, na tela das suposições culturais recebidas que determinam o que se espera que alguém ouça e como se espera que ele responda".[1] Décadas mais tarde, a mesma sensibilidade cultural voltaria à tona em um jogo chamado DOOM. Como o jogo que introduziu o mundo ao código-fonte aberto dos jogos e, consequentemente, a arte do mod, a infiltração da cultura popular do DOOM foi um verdadeiro fenômeno emergente. Como aprendemos no último capítulo em uma análise do descendente direto do DOOM, o Quake, a metodologia do sistema aberto que o DOOM introduziu e que o Quake abraçou teve um impacto tremendo tanto no design como na cultura dos jogos que se seguiram.

A ligação que estamos fazendo entre o punk rock e o DOOM não é estética; o estilo pulp kitsch de filmes de horror do DOOM é bastante diferente do estilo barulhento e antiestético do punk. Em vez disso, a semelhança entre os dois é uma adoção agressiva de uma mentalidade "faça você mesmo" ("FVM"). No punk, o FVM se manifestou em uma crença de que o controle das ferramentas de produção poderia ser arrancado da cultura dominante e usado para criar uma versão alternativa da realidade. Tocar em uma banda punk significava pegar um violão e fazer barulho; fazer uma revista só exigia ter acesso a uma tesoura, tinta e máquina de fotocópia. Anos depois, esse espírito foi levado adiante no projeto do DOOM, em que a atitude FVM foi incorporada na forma como os jogadores tinham acesso às ferramentas de desenvolvimento do jogo. O DOOM compartilhou o desejo do punk de eliminar as distinções entre o jogador e o produtor, entre as categorias historicamente rígidas elaboradas ao longo de linhas participativas. Assim, a "interação lúdica livre" do código-fonte do DOOM, ainda em fase de manipulação por parte de jogadores de hoje (mais de dez anos após seu lançamento), fez uma ruptura nas suposições de longa data sobre como se pode, e se deve, interagir com um jogo.

Além disso, a cultura do hacker e as metodologias de código-fonte aberto adotadas pelo DOOM encontram um paralelo próximo na aniquilação intencional do punk das hierarquias econômicas e sociais. Incentivar os programadores amadores a inventar seu próprio jogo de tiro em primeira pessoa inovador teve o duplo efeito de aumentar drasticamente a longevidade do DOOM (pessoas jogavam os níveis concebidos pelo jogador muito tempo depois que tinham se cansado do jogo original) e aumentar drasticamente as vendas (as pessoas tinham uma razão para comprar o jogo muito tempo depois de ele ter sido considerado ultrapassado).[2] Uma forte mentalidade FVM tem sido, de uma forma ou de outra, uma parte importante do desenvolvimento do jogo digital desde então.

Estratégias de resistência

As estratégias de resistência projetadas em um jogo, quer sejam criadas por jogadores ou designers, são chamadas de *modificações* do jogo, ou *mods*. As modificações podem ser sancionadas oficialmente, como uma modificação distribuída pelo desenvolvedor que aumenta a jogabilidade ou corrige um erro, ou podem ser "não oficiais", como os níveis do jogo não sancionados, projetados e distribuídos pelos jogadores. Normalmente, as modificações produzidas pelo jogador não são projetadas para "consertar" um erro no jogo, mas são desenvolvidas especificamente para alterar a jogabilidade de alguma forma.[3] As modificações chamam a atenção para as fronteiras do círculo mágico, criando atritos entre as versões existentes e alternativas do jogo. Isso é especialmente verdadeiro quando consideramos os contextos sociais mais amplos para os quais as modificações do jogo são projetadas, divulgadas e colocadas em uso. As modificações do jogo são inerentemente transformadoras — elas, afinal, mudam literalmente o jogo. O atrito que criam liga o jogo ao contexto, o jogador como produtor ao jogador como consumidor, designer ao usuário, fã ao desenvolvedor, programador ao hacker. Tornando indistintas essas categorias, as modificações do jogo executam uma resistência cultural em vários contextos.

Nem todo ato de resistência do jogo é explicitamente político. Lembre-se de que o uso do termo "resistência" geralmente se refere a qualquer ato de jogar que cria atrito com estruturas mais rígidas. A resistência pode ser um modelo muito útil para os designers de jogos, especialmente se você quiser que o seu jogo envolva a cultura ao longo de linhas críticas. Há muitos exemplos de intervenções de design que modificam os jogos para criar um diálogo com forças institucionais maiores. Em seu estudo sobre as *patches* do jogo, Erkki Huhtamo observa que essas estratégias incluem as alterações motivadas por preocupações ideológicas, uma vontade de reafirmar o papel do jogador como um cocriador ou a subversão da raça dominante, classe ou relações do gênero.[4] Como os alfinetes de segurança emprestados ou as suásticas do punk, as modificações do jogo têm o potencial de mudar e opor-se aos códigos simbólicos tradicionais, criando uma visão crítica a partir de dentro de contextos familiares.

Políticas ou não, as modificações no jogo podem atuar como formas de resistência, que afetam o significado, a experiência e a identidade cultural de um jogo. Nas próximas páginas, veremos uma série de modificações de jogo diferentes, agrupadas de acordo com o método de design. Dividimos as modificações em exemplos de *alteração*, *justaposição* e *reinvenção*, com cada categoria representando uma estratégia diferente para alcançar a resistência em um jogo:

- As estratégias de *alteração* fazem modificação nas estruturas existentes dos jogos.
- As estratégias de *justaposição* combinam elementos inesperados dentro do espaço de um jogo.
- As estratégias de *reinvenção* retrabalham estruturas de jogo inteiras em níveis mais profundos.

Embora esses três métodos se sobreponham, em geral eles fornecem um modelo conceitual para a compreensão das formas existentes de resistência dos jogos, bem como o planejamento de novos.

Estratégias de alteração

Alterações são modificações em um jogo que retrabalham as formas existentes de representação ou interação. *Patches* de jogo como o *patch* de Fighter Chicken para o DOOM ou o *patch* de Gumby Doll para o Marathon Infinity, por exemplo, alteram as formas tradicionais da representação cultural substituindo os personagens-padrão do jogo pelos produzidos pelos jogadores. Substituindo as imagens do soldado tradicionalmente "macho" por personagens ridículos ou absurdos, "Chicken Fighter" e "Gumby Doll" reenquadram as representações estereotipadas do ideal heroico masculino. O atrito resultante desse jogo entre as novas representações e as suportadas pelos códigos tradicionais desafia as suposições sobre o que e quem os jogos representam.

SOD

Dirk Paesmans e Joan Heemskerk, artistas conhecidos pelo nome comum de Jodi, transformam os sistemas de jogo por meio de reduções formalistas do código do jogo. Seu *patch* para Castle Wolfenstein, uma modificação chamada SOD, tira do atirador em 3D todas as cores e profundidade. As formas geométricas básicas como quadrados, círculos e triângulos substituem os componentes visuais e originais do jogo — as muralhas do castelo, os guardas e as armas. Em vez de substituir os sprites do personagem por imagens alternativas, Jodi projeta a resistência esvaziando completamente o jogo da representação figurativa. O espaço de jogo resultante é apresentado como simples blocos geométricos e linhas, e os jogadores são obrigados a considerar como o mecanismo do jogo cria um espaço significativo por meio de ilusões de profundidade, movimento e comportamento do objeto. Embora o código gráfico tenha sido alterado, a trilha sonora permanece igual, resultando em triângulos gritando e latindo, e quadrados girando que confrontam o jogador. Por meio de várias camadas de justaposições absurdas, as alterações abertas mas expressivamente enigmáticas do SOD criam novas conexões entre abstração e representação, nivelamento e profundidade, som e forma.

Sailor Moon Wad

O humor e a paródia também podem informar uma estratégia de alteração. O Sailor Moon Wad, desenvolvido pela SOS Doom Equipe em apoio à campanha Save Our Sailors (SOS), "visa manter a Sailor Moon no ar na América do Norte".[5] Desenhando diretamente sobre o léxico do Animé japonês na construção de sua heroína Priss, o arquivo wad (um apelido para os arquivos de nível DOOM baseado na extensão do nome de arquivo) altera a arquitetura gótica do DOOM desarrumando o espaço com objetos do mundo de Sailor Moon: bolinhos, fatias

SOD

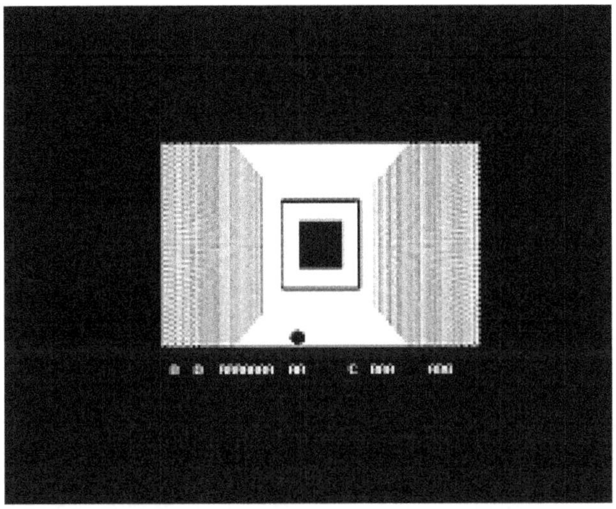

Sailor Moon Wad

de bolo de chocolate, corações, rosas, malas com desenhos de coelhinho e abelhas mensageiras. Aqui, a masculinidade implícita do DOOM é questionada de forma lúdica por meio da adição de um sistema completo de artefatos femininos.

SimCopter Hack

Considerando que os dois exemplos anteriores envolveram modificações feitas pelas resistências que não criaram o jogo original, por vezes, os próprios desenvolvedores do jogo podem usar a alteração como uma estratégia de resistência. SimCopter Hack foi o resultado de uma colaboração entre o coletivo de arte rtmark e um programador trabalhando de fato no jogo de computador SimCopter. Enquanto o jogo ainda estava em desenvolvimento, o programador (um membro rtmark) substituiu as mulheres de biquíni nas fichas do jogo por aquilo que o rtmark denominou de "meninos promíscuos", "infectando o olhar heterossexual tradicional do jogo com conotações homoeróticas".[6]

Em SimCopter Hack, a peça de resistência ocorre em vários níveis. Assim como Fighter Chicken, Gumby Doll e Sailor Moon Wad, SimCopter Hack criou um atrito em torno dos sistemas de representação cultural, especialmente nas linhas do gênero. Além disso, SimCopter Hack criou tensão no mercado. De acordo com as fontes do rtmark, o jogo vendeu até 80 mil cópias antes de a modificação ser descoberta.[7] Maxis, a empresa que desenvolveu o jogo, certamente via a modificação como um ato de sabotagem econômica, embora fosse uma que só tivesse sido destinada a suscitar um debate crítico.

Estratégias de justaposição

Uma segunda estratégia de atrito cultural concebido, a *justaposição*, alcança a resistência colocando elementos inesperados juntos no mesmo espaço. É uma estratégia que tem sido utilizada como uma forma de resistência por aqueles interessados na obtenção de conflitos críticos. Desde a inclusão de um mictório do artista Marcel Duchamp no Armory Show de 1917 até a união de um alfinete de fraldas e a realeza britânica do designer Jamie Reid na capa do álbum *God Save the Queen* em 1977 do Sex Pistols, a justaposição é um meio criado para "responder com ousadia" à cultura. Uma forma especial de alteração de jogo, nos exemplos de justaposição que seguem, os significados resistentes surgem por meio da união expressiva de elementos improváveis.

Frag Queens

Muitas das skins femininas iniciais projetadas para o Quake evoluíram a partir de uma estratégia de justaposição forçada pelas limitações do *software*. A versão original do Quake incluía apenas a geometria masculina em 3D para desenhar novas skins. Os jogadores interessados em jogar com personagens femininos acabavam com skins femininas mapeadas sobre a figura masculina musculosa padrão. A justaposição entre os atributos "femini-

Frag Queens

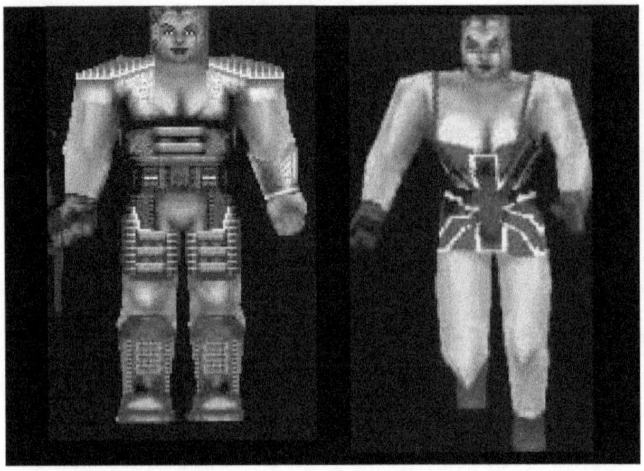

nos" (cabelo, roupas, traços faciais) e a figura básica "masculina" resultou no que veio a ser conhecido como "*frag queens*". Os preparadores de skins femininas de um clã de Quake, conhecidos como Psycho Men Slayers, adotaram essa limitação misturando e combinando elementos para criar *frag queens* de gênero ambíguo. Nem masculinos, nem femininos, mas sem dúvida violentos, os avatares recém-inventados desafiaram as noções tradicionais de gênero, introduzindo na cultura do jogador formas altamente transgressivas de identidade.

Blacklash

Jogo concebido pelo grupo ativista Mongrel com sede em Londres, Blacklash justapõe política racial e nostalgia arcade em uma nova versão racial do jogo arcade Tempest. Baseando-se na estrutura 'atire ou morra' existente do jogo, Blacklash transforma os alienígenas do jogo original nas versões em quadrinhos de membros da Ku Klux Klan com capuz e policiais britânicos uniformizados. Descrito pelo Mongrel como "uma chamada para a juventude negra ameaçada pela ignorância e loucos racistas",[8] Blacklash referencia o estilo retrô do clássico arcade como um meio de chamar a atenção para atos ultrapassados de preconceito racial. Uma modificação do jogo conceitual, Blacklash cria resistência entre os componentes formais e experimentais do jogo. O uso da estrutura de regras do Tempest como base para o comentário político de Blacklash incentiva os jogadores a fazer uma conexão entre os sentimentos de nostalgia por um jogo amado e os padrões de racismo institucional, os padrões que os jogadores experimentam formalmente por meio da interação lúdica do jogo.

Los Disneys

Los Disneys, um *patch* para o jogo Marathon Infinity de Jason Huddy, rearticula o gênero de tiro em primeira pessoa por meio da criação de um nível do jogo que imita o Reino Mágico da Disney. O *patch* transforma o parque temático em um playground pós-apocalíptico, repleto de turistas cheios de câmeras de vigilância e grupos de crianças querendo diversão. Los Disneys cria atrito entre as ações simuladas do jogo e os eventos externos que essas ações espelham. Os jogadores podem atirar em qualquer personagem da Disney em escala exagerada (incluindo Mickey, Donald e Pateta) que esteja à vista e também têm liberdade de abrir caminho à bala através das longas filas de crianças e seus pais que estão à espera pela sua vez nos brinquedos. A interatividade e a estética de Los Disneys contestam as convenções aceitas dos jogos de tiro em primeira pessoa, tornando-as caricaturas críticas. A substituição dos alienígenas com armas por turistas com câmeras de vigilância, por exemplo, oferece uma experiência mais suave e mais insidiosa de ataque e conflito do jogo. O "jogo" de Los Disneys na ação de violência nos jogos é uma estratégia articulada e bem-humorada de resistência.

Estratégias de reinvenção

Nossa terceira estratégia de resistência — *a reinvenção* — coincide com as categorias de alteração e sobreposição, enquanto oferece alguns recursos críticos e distintos próprios. Como as duas estratégias anteriores, a reinvenção afeta a forma e o contexto por meio de uma mudança nas estruturas de representação ou interação do jogo. Mas as estratégias da reinvenção são mais profundas, modificando as estruturas fundamentais de um jogo, remodelando-as de dentro para fora. Das três categorias descritas, as estratégias da reinvenção talvez se-

Blacklash

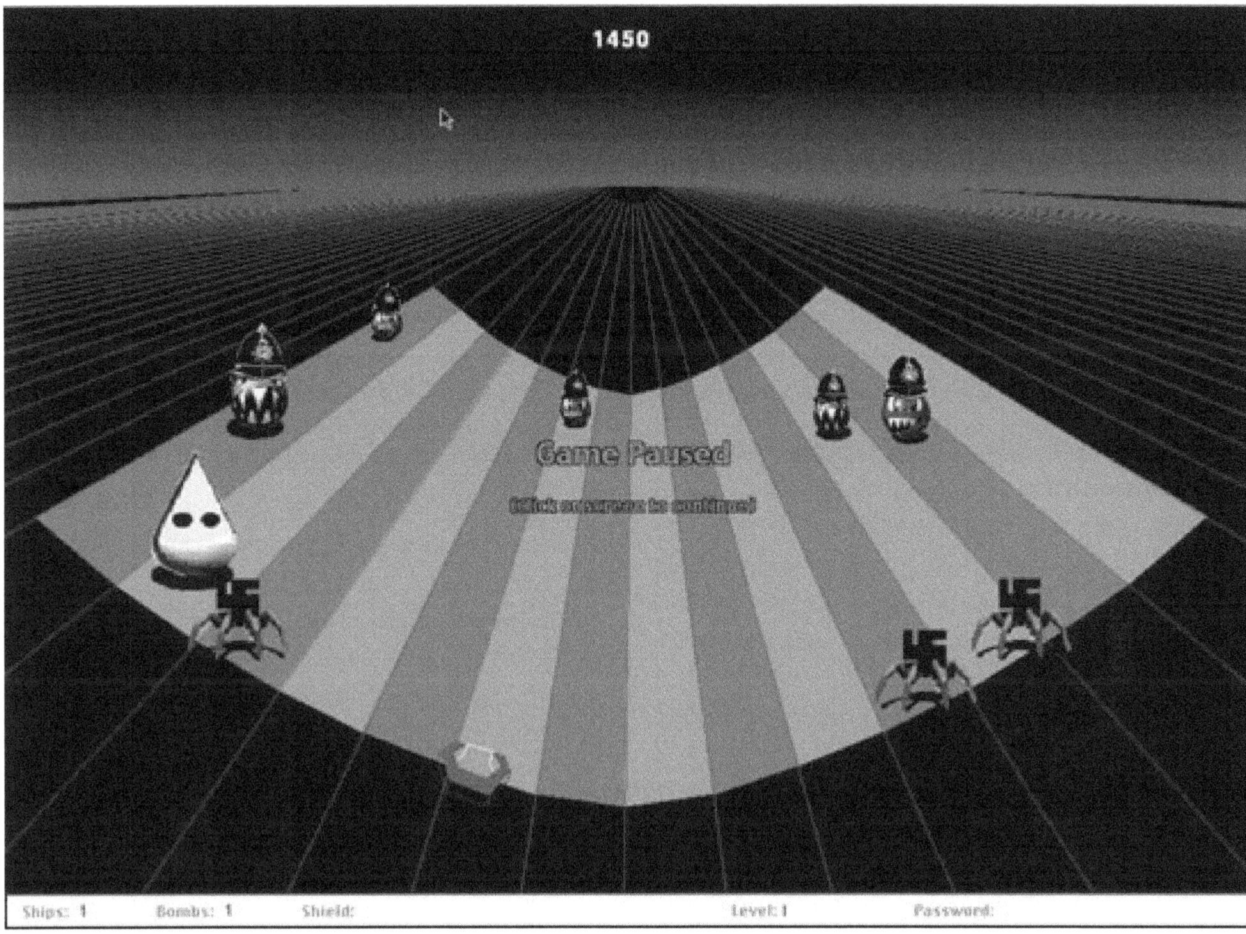

jam a forma mais radical de resistência cultural por meio da interação lúdica transformadora.

Universal Square

No Universal Square do artista Uri Tzaig, dois times de futebol (um composto de judeus israelenses, o outro por árabes israelenses) foram convidados a participar de uma partida de futebol na televisão. Realizada em Lod, Israel, em 1996, o jogo foi jogado de acordo com as regras normais do futebol, com exceção de uma modificação simples: Tzaig redesenhou o jogo para que ele não fosse jogado com uma bola, mas duas ao mesmo tempo.

Esse ato elegante do design criou resistência de várias maneiras. O jogo não podia ser jogado de uma forma "normal": os jogadores tinham de inventar novas formas de interação que levassem em conta a perda de um objeto unificador em torno do qual toda a atividade do jogo era centrada. Da mesma forma, o comportamento dos espectadores também se transformou. Com a introdução de uma segunda bola, veio a perda do ângulo de visão habitual (os espectadores focalizavam uma única bola). As fotos dos espectadores os mostram procurando em muitas direções diferentes, em vez do típico foco único e de um público de esportes.[9]

A transformação de Tzaig do jogo de futebol é eficaz por diversas razões. Sua dispersão bem-sucedida do ponto de vista normalmente unificado da multidão cria um comentário crítico em torno das ideias do espectador cultural. Adicionar uma segunda bola tornou o jogo bastante difícil de jogar, forçando um novo nível de interação lúdica colaborativa entre os jogadores de ambas as equipes. A reinvenção de design de Tzaig deslocou as estruturas de poder centralizadas no jogo, uma decisão particularmente pungente no contexto cultural de Tzaig. O jogo de futebol com duas bolas tornou-se uma representação dos conflitos culturais caóticos, descentralizados e multifacetados do Oriente Médio. Ao mesmo tempo, o novo design ofereceu um modelo de como tal conflito complexo poderia ser contido e resolvido por meio de novas formas de interação. Nesse trabalho poderoso, uma escolha elegante de design formal assume um significado cultural transformador.

Counter-Strike

Uma modificação tremendamente popular de Half-Life, o Counter-Strike é um excelente exemplo de como o paradigma do "jogador como produtor" pode reinventar um jogo. Mais do que apenas um mod, Counter-Strike transformou o jogo original em vários níveis, criando uma experiência de jogo inteiramente própria.

Ao contrário de muitos mods que simplesmente ajustam a sensação do jogo, o design de Counter-Strike deslocou o plano de representação inteiramente, retirando a narrativa de ficção científica de Half-Life e substituindo-a por um naturalismo envolvente. Em uma análise de Counter-Strike, o crítico de games Justin Hall observa: "Counter-Strike só existe no mundo preparado para ele pela guerra no Vietnã e por *COPS*, onde os jogadores do jogo cresceram assistindo filmagens reais de homens com armas reais invadindo casas, edifícios e campos. A televisão tornou essa veracidade atraente. Minh Le [o designer do mod] o tornou interativo".[10]

Ao lançar o jogo como um conflito de terroristas/contraterroristas, o jogo Counter-Strike criou uma rica jogabilidade baseada em equipes. A resistência entre os atiradores em primeira pessoa geralmente fantásticos e o mundo real de Counter-Strike foi ampliada pela realidade social intensificada da experiência do jogo.

As estratégias de resistência de Counter-Strike incluem uma reinvenção econômica também. O mod evoluiu da colaboração entre pequenos grupos de desenvolvedores de *shareware* e, depois, tornou-se um produto comercial vendido nas lojas. Ganhando vários prêmios importantes na Conferência de Desenvolvedores de Jogos de 2001, incluindo o Prêmio Rookie Studio e o Prêmio Game Spotlight, o exemplo do Counter-Strike da passagem de uma cultura não comercial de *shareware* para o mercado comercial oferece a reinvenção como um modelo para desenvolvimento de jogos independente.

A alteração, a justaposição e a reinvenção oferecem métodos para criar ou recriar jogos nas linhas culturais, envolvendo agressivamente os espaços simbólicos além de suas fronteiras. Quer as abordagens adotadas sejam de natureza mais formal, como no caso de SOD, quer sejam politicamente orientadas, como em Blacklash, as dimensões culturais desses atos chamam a atenção para o círculo mágico normalmente invisível. Quando um jogo representa a resistência cultural, a transição suave entre os espaços *interno* e *externo* do jogo é interrompida; os jogadores ficam cientes dos aspectos do jogo que normalmente passam despercebidos. Permitir que os jogadores experimentem esse tipo de interação lúdica transformadora aumenta as opções para interação lúdica: quando a consciência crítica é enriquecida, o jogo fica muito mais rico.

Outras linhas de resistência

No início de seu livro *Homo Ludens*, o filósofo e historiador Johann Huizinga faz a afirmação profunda de que "No jogo, há sempre alguma coisa 'em jogo'".[11] Os jogos são um "sempre jogar", uma atividade que explora e expande as estruturas, estendendo-as e remodelando-as. Nesse sentido, os jogos são particularmente adequados para serem modificados pelos jogadores, para a criação de atrito entre as estruturas fixas e as intervenções móveis. O conceito dos jogos como resistência cultural cresce naturalmente a partir do que já sabemos sobre interação lúdica.

Como um jogo, por sua própria natureza, tem espaço para o movimento da interação lúdica livre, é sempre possível que os jogadores dividam-se no sistema, forçando-o e transformando-o em um novo formato. Em ***Jogos***

como sistemas de incerteza e ***Quebrando as regras***, vimos como as crianças contestam o ritual da contagem por meio de uma série de estratégias sutis e tortuosas, desde trapacear na divisão silábica de "minha mãe mandou eu escolher este daqui, mas como eu sou teimoso..." até trocar de lugar no círculo da contagem a fim de evitar tornar-se o "Pegador". Esse tipo de "modificação" do jogo é certamente diferente dos exemplos analisados neste esquema, mas há semelhanças importantes. Em todos os casos, os jogadores "jogam" com a estrutura do jogo em si. Eles estão criando um significado reconhecendo a visão de Huizinga: no jogo, há sempre algo *em jogo*.

Já comentamos em vários capítulos sobre a importância dos jogadores e dos fãs para uma maior identidade cultural do jogo. Os fãs desempenham um papel importante ao manter o jogo e deixá-lo vivo na cultura, mas também podem assumir papéis de resistência. Nosso próximo exemplo oferece um cenário onde dois grupos de jogadores, atuando dentro e fora do círculo mágico, modificam o sistema de jogo de duas maneiras conflitantes.

Atrito no parque

O texto lateral nesta página e na seguinte é extraído de sissyfightnews.com, um site de fãs dedicado ao jogo SiSSYFiGHT 2000. O texto é um manifesto contra a trapaça; ele detalha como identificar e combater a violação de regras no jogo, e é direcionado para resistir àqueles que forçariam o sistema conspirando para trapacear. Há ideologias conflitantes no jogo (resistir ao jogo por meio da trapaça; resistir à trapaça policiando os trapaceiros) e o manifesto, portanto, representa um ato de dupla resistência. Por um lado, a trapaça existe como uma forma de atrito contra a autoridade do jogo, resistindo ao bate-papo público que é um elemento-chave da jogabilidade. Por outro lado, há uma resistência a essa resistência, um grupo vigilante que trabalha para elevar a consciência da comunidade e eliminar a trapaça. Esses movimentos duplos tornam-se parte da cultura maior do jogo.

Quebrando as regras foi um esquema de **REGRAS** — uma maneira formal de compreender um jogo. Qual é a violação das regras no contexto da **CULTURA**, sobretudo em um esquema na resistência cultural? As regras quebradas identificadas no manifesto SiSSYFiGHT são re-

de sissyfightnews.com

Como você reconhece um trapaceiro ao ver um? Vamos usar uma definição prática. Você pode identificar os trapaceiros como:

Dois ou mais personagens aliados que realizam ataques extremamente coordenados em sucessão, com pouca ou nenhuma comunicação dentro dos balões de texto do SiSSYFiGHT.

Vamos analisar isso detalhadamente para esclarecer. A coisa importan te a lembrar é que *todos* esses elementos *juntos* devem estar presentes para identificar os trapaceiros — caso contrário, você pode estar lidando apenas com uma equipe perfeitamente legítima.

Dois ou mais personagens aliados. O primeiro sinal dos trapaceiros é que eles nunca atacam uns aos outros. Em geral, os trapaceiros trabalharão em pares, embora existam alguns que realmente tentam coordenar mais. *Lembre-se* de que não há nada de errado em ter aliados ou equipes solitárias! Uma das principais estratégias do jogo é construir alianças.

Aqueles que realizam ataques extremamente coordenados. Os ataques coordenados são o resultado de uma boa estratégia e comunicação. Em uma equipe com duas pessoas, esses movimentos combinados podem ser mapeados assim:

Se o personagem X age assim:	Então, o personagem Y age assim:
provoca	provoca
pega	arranha ***ou*** lambe pirulito
tagarela	agacha ***ou*** lambe pirulito
arranha	arranha

Novamente, *lembre-se* de que se houver dois jogadores executando essas ações, isso não significa necessariamente que são trapaceiros... ainda. Até esse ponto, ainda estamos falando de um jogo justo e uma boa estratégia.

Em sucessão. Este é o ponto onde ***começamos*** a traçar a linha entre os jogadores honestos e os trapaceiros. Se você vir dois personagens realizando vários ataques coordenados em sucessão, existe algo.

Com pouca ou nenhuma comunicação dentro dos balões de texto de SiSSYFiGHT. Esse é o problema, bem aqui. A grande revelação para os pares ou os grupos de trapaceiros é que eles ***nunca comunicam seus movimentos*** na janela do SiSSYFiGHT. Isso lhes dá uma clara e injusta vantagem sobre os jogadores honestos, pois não há sinais (diretos ou indiretos) para os outros jogadores tentarem ler. Observe, porém, que os trapaceiros realmente podem se comunicar por seus balões de texto, mas, em geral, são troca de provocações, nunca de informações sobre seus próximos movimentos.

Existem duas maneiras de trapacear no SiSSYFiGHT: **comunicação externa** e **várias sessões**.

Os trapaceiros que utilizam a comunicação externa basicamente recorrem a alguma forma para telegrafar seus movimentos entre si, por meio de qualquer meio *fora* da própria janela do SiSSYFiGHT. Isso, na maioria das vezes, é o Instant Messaging do AOL ou o ICQ, mas pode incluir também conversa por telefone ou duas pessoas jogando o SiSSYFiGHT em máquina do lado da outra em um laboratório de informática. Os trapaceiros que usam esse método são muitos inseguros em sua impotência estratégica, eles preferem contestar a integridade do jogo a usar as poucas células cerebrais que lhes restaram. Se você alguma vez foi vencido por um desses trapaceiros, pode ter certeza de que na vida *real*, provavelmente eles são idiotas que ainda moram com seus pais e realmente não conseguem fazer nenhum amigo *real*.

Os trapaceiros que usam várias sessões são criaturas ainda mais tristes na hierarquia social. Esse tipo de trapaceiro é uma *única pessoa* que executa o SiSSYFiGHT em uma estação de trabalho em dois ou mais navegadores diferentes. Essas pessoas são tão inadequadas socialmente que o simples pensamento de realmente se comunicar e trabalhar com outra faz com que tenham espasmos de pânico. Elas nunca beijaram ninguém e passam muito tempo invadindo sites pornográficos protegidos por senha. Tenha certeza de que se você for sempre vencido por alguém coordenado o suficiente para executar diversas sessões, provavelmente a pessoa também desenvolveu o talento invejável de digitar com uma só mão. (Ah, AGORA você entendeu.)

gras implícitas, sua violação na maioria das vezes representa uma conduta antiesportiva. Mas a força emocional com a qual esse manifesto foi escrito implica que algo mais profundo está em ação. Na verdade, por causa de reclamações sobre a trapaça, o desenvolvedor do jogo Word.com postou um "código de ética" no site do jogo que explicitamente definia e proibia a trapaça. Como resultado, a capacidade de conversar de modo privado foi recategorizada como uma verdadeira infração das regras: a conversa privada tornou-se uma quebra de regra operacional. Os conhecidos trapaceiros que forçavam as regras levaram a essa transformação estrutural, um processo do qual participavam os jogadores trapaceiros, os jogadores vigilantes e os designers do jogo.

No caso complexo do manifesto da trapaça do SiSSYFiGHT, fatores internos e externos ao jogo levantaram resistência. A trapaça alegada representa uma forma de resistência que visa minar a experiência da interação lúdica de forma indesejável, transgredindo o círculo mágico a partir de dentro. Quando essa violação chamou a atenção de alguns jogadores espertos e apaixonados, uma estratégia de retaliação foi formalizada, um ato de resistência que veio de fora do círculo mágico. A solução resultante é elegante e inspiradora: como um artefato cultural criado e disseminado pelos jogadores do jogo, o manifesto representa um exemplo maravilhoso de produção-jogador; como uma estratégia de resistência, demonstra que interação lúdica significativa pode ser trazida para o jogo a partir de contextos que vão além de suas permeáveis fronteiras. E, nesse caso, a história teve um final feliz: os designers interferiram, atingindo toda a comunidade de jogadores por meio do site oficial do jogo, revendo as regras e elevando a consciência da comunidade de jogadores inteira.

Resista!

As estratégias de resistência adotadas por designers de jogos independentes como a equipe de Counter-Strike, jogadores dedicados como a equipe Sissyfightnews, e artistas como Uri Tzaig sugerem como os jogos podem ser concebidos ou redesenhados a partir de uma perspectiva cultural para suportar a interação lúdica transformadora. Quer as abordagens adotadas sejam formais, estéticas ou politicamente inspiradas, as dimensões culturais desses atos de resistência formam a ideologia e a interação. Se os designers do jogo adotassem estratégias de resistência com mais frequência, o potencial dos jogos em afetar a cultura de forma significativa certamente aumentaria.

Lembre-se: os jogos apoiam e incentivam intrinsecamente o movimento da interação lúdica livre. É sempre possível para os jogadores adulterar o sistema, forçando a adquirir uma nova forma. Os designers de jogos devem considerar como esse processo pode ser melhorado ou interrompido, modificado ou transformado, quer pelos jogadores ou pelo design do jogo em si. O manifesto

Sissyfightnews, por exemplo, transformou a prática de resistência em uma fábula, pressionando as fronteiras do círculo mágico o suficiente apenas para lembrar aos jogadores que o jogo, também, pode reagir.

Evidentemente, os jogos derivam significado dos contextos em que são jogados. A consideração desses contextos permite que os designers do jogo vejam linhas potenciais de engajamento cultural. A divulgação aberta do código-fonte do Doom, por exemplo, foi visionária em seu reconhecimento de uma mentalidade hacker já presente nas comunidades de jogadores. Dadas as ferramentas certas, os jogadores vão transgredir o círculo mágico em busca de formas alternativas de expressão. Essas transgressões podem modelar e remodelar o jogo para que os valores do mundo "real" sejam explicitados na artificialidade do jogo, valores que poderiam ser reforçados, questionados, invertidos ou subvertidos por meio da interação lúdica.

E se os designers de jogos considerassem a possibilidade de trabalhar com esse desejo natural dos jogadores em forçar a forma do jogo? Em jogos multiplayer como EverQuest e Ultima Online, vastos recursos são gastos tentando erradicar e punir a trapaça. Mas outros cenários são possíveis. E se os jogadores fossem autorizados a policiar uns aos outros como uma forma de jogabilidade? E se os jogadores fossem incentivados a trapacear? Ou se o código-fonte fosse fornecido e ficasse livre no campo de interação lúdica? É claro que teríamos um tipo muito diferente de jogo, talvez um jogo que reinventaria radicalmente o potencial da interação lúdica culturalmente transformadora. As possibilidades estão por aí. Mas, até que você comece a resistir às convenções do design do jogo, nunca descobriremos o quanto são divertidas de jogar. Lute contra a instituição! Abaixo as regras antigas! *Vive la resistance*!

Leitura complementar

Cracking the Maze: Game Plug-ins and Patches as Hacker Art, Anne-Marie Schleiner, curadora <http://switch.sjsu.edu/CrackingtheMaze/>.

Em 1999, Anne-Marie Schleiner foi curadora de uma exposição on-line de *patches*, mods e *plug-ins* de games. A maioria das modificações do jogo foi produzida por artistas e muitos tinham agendas sociopolíticas. O arquivo on-line tem exemplos visuais de uma série de *patches* produzidos por artistas, *patches* para baixar e vários bons ensaios introdutórios sobre as questões da representação cultural nos jogos e a prática da intervenção tática da mídia.

Game Girl Advance, <www.gamegirladvance.com>

Game Girl Advance é um site jornalístico que aborda a cultura dos jogos digitais. Resistindo ao conteúdo dos sites de jogos comerciais, o Game Girl Advance possui pequenos ensaios sobre temas, como a política do gênero das conferências de jogos ou como os jogos influenciam pessoalmente a vida dos jogadores. Embora haja muitos sites de jogos alternativos populares na web, o Game Girl Advance distingue-se com uma escrita inteligente que é culturalmente crítica e conhecedora da indústria.

Subculture: The Meaning of Style, de Dick Hebdige

Hebdige investiga as subculturas como sistemas de significação, particularmente subculturas como o punk e os Teddy Boys, que resistem às instituições culturais maiores. Esses sistemas, como jogos, criam seus próprios limites dentro dos quais as formas, comportamentos e ações ganham significado separado, mas ligado ao mundo real. Ele explora o mod como um sistema de comunicação, uma linguagem estilizada, simbólica e interativa nascida das "regras" do sistema. Embora Hebdige esteja falando de uma perspectiva marxista, estruturalista e semiótica, sua abordagem é bastante aplicável ao estudo dos jogos.

Recomendados:
Introdução: Subculture and Style
Capítulo 1: From Culture to Hegemony
Capítulo 7: Style as Intentional Communication
Capítulo 8: Style as Homology

Textual Poachers: Television Fans and Participatory Culture, de Henry Jenkins (ver página 69 deste volume)

Recomendados:
Capítulo 5: Scribbling in the Margins
Capítulo 7: "Layers of Meaning": Fan Music Videos and the Poetics of Poaching

Escrever | **SPORK:** Desenhe algo que você encontraria em uma escola. **FOOM:** Desenhe algo que você encontraria em um quintal.

Notas

1. Greil Marcus, *Lipstick Traces: A Secret History of the Twentieth Century* (Cambridge: Harvard University Press, 1989), p. 3.
2. "Brave New Worlds: A Special Issue on Video Games", *Feed Magazine.*
3. Erkki Huhtamo, "Game Patch: the Son of Scratch?" In *Cracking the Maze,* curadoria de Anne-Marie Schleiner. 16 de julho de 1999. <switch.sjsu.edu/CrackingtheMaze>.
4. Ibid.
5. Anne-Marie Schleiner, "Game Plug-ins and Patches as Hacker Art". *Cracking the Maze.* 16 de julho de 1999. <switch.sjsu.edu/CrackingtheMaze>.
6. Ibid.
7. Ibid.
8. Ibid.
9. Janet Abrams, "Other Victories". In *If/Then,* editado por Janet Abrams. (Amsterdam: Netherlands Design Institute, 1999), p. 245.
10. "Brave New Worlds: A Special Issue on Video Games", *Feed Magazine.*
11. Johann Huizinga, *Homo Ludens: A Study of the Play Element in Culture* (Boston: Beacon Press, 1955), p. 1.

Resumo

Jogos como resistência cultural

- ***Jogos como resistência cultural*** explora a tensão entre os jogos e seus contextos culturais. O foco do esquema está exclusivamente na interação lúdica transformadora culturalmente.
- A resistência é o **atrito** que ocorre quando dois fenômenos entram em contato conflituoso. Enquadrado como resistência, o movimento livre da interação lúdica tem um atrito intrínseco com os sistemas de regras que buscam contê-lo. Por meio desse processo de resistência, as fronteiras normalmente invisíveis do círculo mágico tornam-se visíveis.
- Uma abordagem **FVM** ou "Faça você mesmo" para a resistência cultural aparece nas **modificações**, no design de estratégias de resistência em um jogo. As modificações do jogo ou os mods podem ser mudanças utilitárias "oficiais" realizadas pelos designers do jogo ou projetos "não oficiais" criados e distribuídos pelos jogadores.
- As modificações do jogo se dividem em três categorias que se sobrepõem: alteração, justaposição e reinvenção.
    - As **alterações** mudam as estruturas representacionais ou interativas de um jogo. Exemplos: SOD, Wad Sailor Moon, SimCopter Hack.
    - As **justaposições** reúnem elementos improváveis no mesmo espaço de jogo. Exemplos: Frag Queens, Blacklash, Los Disneys.
    - As **reinvenções** redesenham mais radicalmente a estrutura de um jogo. Exemplos: Universal Square, Counter-Strike.
- A resistência flui naturalmente a partir das qualidades intrínsecas dos jogos. A interação lúdica livre de um jogo envolve o atrito do movimento dentro de uma estrutura rígida. Por essa razão, os jogos são ricos em possibilidades para os jogadores ou os designers interferirem com estratégias de resistência.

FOON: Escreva o nome de algo que você tem que não se importaria de ver em chamas. *Sneak atua como um Foon.

PLAY
GROUND
DEPT
TRAFFIC

33 JOGOS COMO AMBIENTE CULTURAL

esboço do conceito, **Big Urban Game** | Katie Salen, Frank Lantz, Nicholas Fortungo

ofuscamento das fronteiras
etiqueta
etos
convenção
contexto
status artificial

ISTO NÃO É UM JOGO

— ***Trailer do filme A. I.: Inteligência Artificial***

Levante a bandeira vermelha

Um jogo é um sistema no qual os jogadores se envolvem em um conflito artificial, definido por regras, que dá origem a um resultado quantificável.

Com essa simples sentença, muitas páginas atrás, oferecemos uma definição de jogos. Desde então, temos prosseguido com a suposição de que essa formulação, de fato, descreve com precisão o que são jogos e como eles operam. Mas nosso esquema final, ***Jogos como ambiente cultural***, pode forçar-nos a reavaliar nossa definição.

A definição está enraizada nas propriedades formais dos jogos. Em geral, durante nossa longa marcha pelo território variado dos esquemas de design de jogos, ela tem servido bem. Mas, no decorrer da exploração dos jogos dentro de um contexto cultural, um elemento da definição não parece fazer justiça às complexidades do fenômeno. Não é a ideia de que os jogos são sistemas, nem que têm regras e resultados, nem que os jogadores por meio dos jogos se envolvem em um conflito. O elemento da definição que parece cada vez mais suspeito é a ideia de que os jogos são *artificiais*, que são separados da vida comum.

Como os jogos são artificiais? Apesar de enquadrarmos os jogos como sistemas de cultura aberta, eles permanecem sendo sistemas com elementos e atributos definidos. A maneira como os jogos operam como sistemas implica algum tipo de separação do resto da cultura. Os significados que os jogos produzem, embora entrelaçados com significados culturais maiores, ainda adquirem sua identidade distinta como significados de jogo porque emergem do sistema de relações possibilitadas pelo jogo em si. Esse sistema de relações não é algo que ocorre naturalmente no mundo. Se os jogos não fossem *artificiais* de alguma forma, não seriam *projetados*. Em vez disso, seriam uma espécie de fenômeno "natural" fluindo no éter cultural.

Mas quanto maior nosso quadro cultural para definir jogos como cultura, mais sua artificialidade começa a se revelar. Como cultura, os jogos são sistemas abertos. Eles não estão isolados do seu ambiente, mas fazem parte dele intrinsecamente, participando do fluxo e refluxo de ideias e valores que compõem um cenário cultural maior. Considerado contextualmente, o círculo mágico não é uma cortina impermeável, mas um limite que pode ser atravessado. Os elementos culturais de fora do círculo entram e têm um impacto no jogo; simultaneamente, os significados culturais propagam-se para fora a partir do jogo para interagir com vários contextos culturais. Dada toda essa interação na e através da fronteira do jogo, dado o fato de que os jogos não são separados, mas fazem parte da cultura, o que aconteceria se questionássemos a artificialidade dos jogos? E se um esquema procurasse especificamente considerar os jogos como sistemas totalmente sincronizados com seu ambiente?

Apresentando o ambiente cultural

Essa é a premissa dos ***Jogos como ambiente cultural***, um capítulo envolvido com a questão da "realidade" dos jogos, um esquema que interroga a relação entre o mundo artificial dos jogos e os contextos da "vida real" que eles cruzam. Em vez de chamar a atenção para as fronteiras do círculo mágico, como fizemos nos esquemas da **CULTURA** anteriores, aqui vemos os jogos nos quais a fronteira é tão completamente apagada que fica difícil distinguir o espaço do jogo da vida comum. Esses tipos de jogos têm uma série de características curiosas. Eles criam uma forte sobreposição entre o espaço artificial do jogo e os espaços físicos e estilos de vida de seus jogadores. Eles ofuscam, confundem ou eliminam completamente a distinção entre jogadores e não jogadores, às vezes envolvendo involuntariamente participantes desavisados. Talvez, mais importante ainda, esse tipo de jogo levanta questões fundamentais sobre a artificialidade dos jogos e sua relação com a vida real.

Os exemplos mais familiares de jogos que vazam em seu ambiente cultural são designs como o do Assassin (também conhecido como Killer), que se tornou popular nos campi universitários nos anos 1970 e 1980, um jogo no qual jogadores perseguiam, caçavam e fugiam uns dos outros com pistolas de dardos durante dias ou semanas de tempo real. A interação lúdica do jogo ocorria não em um espaço de jogo especial e isolado, mas dentro das atividades da vida diária e entre elas. Os jogos digitais recentes têm adotado estratégias de design similares, tais como o Majestic, um jogo de grande escala experimental da Electronic Arts, que acontecia por meio de lugares fictícios, faxes e correio de voz por telefone. Quando o telefone de um jogador tocava no meio da noite, podia ser uma chamada do serviço de entrega de pizza — ou de um personagem no jogo sussurrando um código secreto. Outros jogos, como o jogo de celular Botfighters, rastreiam a localização física dos jogadores em todos os momentos e permitem que eles desafiem uns aos outros a duelos inesperados. Este capítulo focalizará esse tipo de jogo: atividades lúdicas que abertamente se tornam parte de seu ambiente cultural. A ideia de que um jogo pode tornar-se tão coextensivo com seu contexto que ofusca as fronteiras, facilitando sua própria artificialidade, é uma abordagem raramente adotada, mas poderosa, para o design de jogos. E, como veremos, tem implicações importantes para o design de todos os jogos.

Considerar os jogos como ambientes culturais levanta uma série de perguntas. De que maneira a ação de um jogo muda quando a diferença entre "dentro" e "fora" do jogo é ambígua? Quão permeável é a fronteira entre o mundo real e o mundo artificial do jogo? Apenas alguns jogos são capazes de ofuscar essas fronteiras ou isso acontece até certo ponto em todos os jogos? Para responder a essas perguntas, vamos rever muitos elementos fundamentais dos jogos. Mais do que em qualquer outro esquema, fazemos uso generoso dos termos e conceitos apresentados nos capítulos que conduziram a este. Parte da razão para isso é que esses conceitos informam verdadeiramente uma análise dos jogos como ambientes culturais. Mas nosso plano oculto é a utilização dessas análises do jogo como uma revisão informal do material tratado anteriormente. A revisão não pretende ser completa, mas demonstra como uma estrutura de ideias relacionadas, ligadas por meio do conceito do jogo significativo, é necessária para uma compreensão verdadeiramente sofisticada e integrada do design de jogos.

Voltando ao básico

Um jogo cria um lugar especial de ação. Segundo Huizinga, esses espaços definem o *círculo mágico* do jogo, um "mundo temporário dentro do mundo comum, dedicado à realização de um ato aparte".[1] É dentro do *círculo mágico* que a autoridade das regras é exercida. Se você estiver visitando uma loja de equipamentos de cassino, poderia girar uma roleta testando para ver se ela está funcionando, mas não ganharia nem perderia dinheiro como resultado dessa ação. Por outro lado, se você estiver jogando um jogo de roleta e suas fichas estiverem na mesa, o resultado da rodada terá um impacto real na quantidade de suas fichas de apostas. Somente quando um jogador entra no círculo mágico de um jogo é que as regras do jogo imbuem as ações do jogo de significado e consequência.

As regras de um jogo definem sua essência formal. Cada jogo é composto de três tipos de regras: constituintes, operacionais e implícitas. As *regras constituintes* são as estruturas lógicas e matemáticas que cercam o sistema formal de um jogo. As *regras operacionais* são as "regras do jogo" práticas que direcionam a ação do jogador. As *regras implícitas* são as "regras não escritas" do jogo que os jogadores trazem para cada jogo, as regras que são geralmente não declaradas nas "regras do jogo" oficiais, tornando as *regras implícitas* algo que os jogadores têm de deduzir ou intuir.

As regras implícitas surgem por meio do costume cultural, da tradição e da experiência do jogador. Elas se ligam diretamente aos aspectos formais e culturais de um jogo, criando uma ponte entre as formas de autoridade que existem dentro e fora do espaço de interação de um jogo. A operação de regras implícitas é normalmente invisível e incrivelmente sutil. Stephen Sniderman, em seu ensaio "Unwritten Rules" (Regras não escritas), vê de perto o que os jogadores devem saber e fazer para jogar até o mais simples dos jogos. Entre outras exigências, eles devem:

> Entender conscientemente e seguir a *etiqueta* do jogo — ou seja, as tradições não escritas, mas algumas vezes declaradas, associadas ao jogo que não afetam necessariamente o jogo em si (por exemplo, adequação da fala, olhar fixo, provocação, comemoração, protelação, repetição de um ponto, dar conselhos para seus colegas de equipe ou adversários, deixar que os jogadores se arrependam dos movimentos etc.)
>
> Entender e seguir intuitivamente o *etos* do jogo em particular — ou seja, as suposições não escritas e raramente expressas sobre como interpretar e aplicar as regras "escritas" (por exemplo, segurar a bola com uma mão no basquete; a zona de strike nas ligas Nacional e Americana; a queima da linha por pisar na linha de fundo ou dentro da quadra durante o saque no tênis).

Entender e seguir intuitivamente as *convenções* de jogar qualquer jogo de acordo com a cultura dos participantes — ou seja, os costumes não escritos e geralmente instáveis relacionados a jogar, competir, vencer/perder etc. (por exemplo, levar o jogo com a seriedade adequada, saber o que tem prioridade sobre ganhar e sobre jogar, não fingir lesões ou obrigação pessoal para evitar perder; jogar "duro", independentemente da pontuação, não reivindicar que os pontos anteriores não "contaram").

Entender e responder intuitivamente ao *contexto* da "vida real" no qual o jogo está sendo jogado — ou seja, as consequências sociais, culturais, econômicas, políticas e morais do resultado (por exemplo, se o sustento de alguém ou a autoestima depende do resultado).[2]

A compreensão intuitiva de um jogador das regras implícitas é notavelmente sofisticada. As regras constituintes e operacionais de um jogo podem definir sua essência formal, mas a etiqueta, o etos, as convenções e o contexto são igualmente importantes para facilitar a ação de um jogo. Essas quatro categorias são formas de conhecimento cultural que permitem a existência do círculo mágico. Sem elas, os jogadores podem ser capazes de compreender e até mesmo seguir as regras, mas as estruturas sociais que permitem o conflito artificial de um jogo seriam interrompidas. Se você fosse convidado a participar de um jogo, mas estivesse preocupado que seu adversário poderia levar o jogo muito a sério e machucar você, ou tirar proveito do conhecimento superior das regras, ou simplesmente desistir no meio caso ele estivesse perdendo, seria muito improvável que você escolhesse jogar. Os mecanismos que norteiam a operação das regras implícitas são uma parte crucial da ação de qualquer jogo. As regras implícitas ocorrem simultaneamente no nível das regras e no nível da cultura, articulando essas duas dimensões diferentes dos jogos de uma forma distintamente poderosa.

Do ponto de vista de um jogador, a aceitação das regras implícitas (bem como as regras operacionais) de um jogo só é possível pela *atitude lúdica*. Um conceito emprestado do filósofo Bernard Suits, a atitude lúdica é o estado de espírito que os jogadores do jogo conscientemente adotam nos desafios e nos obstáculos de um jogo para experimentar a interação lúdica do jogo em si. Aceitar a autoridade artificial do círculo mágico, submetendo o comportamento às limitações das regras a fim de experimentar o movimento livre do jogo, é um estado de espírito paradoxal. Esse estado de espírito se manifesta na atitude lúdica.

Nos capítulos anteriores, consideramos a atitude lúdica principalmente em relação às regras formais do jogo. Mas adotar a atitude lúdica não significa apenas aceitar as limitações das regras operacionais. Implica também seguir as regras implícitas. Jogar um jogo significa submeter-se à autoridade do círculo mágico, que inclui as convenções culturais expressas por meio das regras implícitas. Nesse sentido, o círculo mágico de um jogo se estende para além de qualquer jogo individual para incluir a cultura inteira. Para jogar um jogo, qualquer jogo, não é só jogar dentro das regras desse jogo em particular, mas dentro das regras de um contexto cultural maior que define o que significa jogar.

Considere o caso da luta de sumô japonesa. Como o esporte nacional do Japão, a luta de sumô é mais do que um mero esporte, é vista como o resumo da honra japonesa e do etos. O esporte tem laços espirituais com o xintoísmo, a religião japonesa, e está ligado à política também. De acordo com Brian Sutton-Smith, os imperadores japoneses, ao longo dos séculos, por vezes, eram selecionados para governar por meio de uma competição de sumô.[3] Participar de uma competição de sumô exige muito mais do que a simples observância das regras formais do jogo. O envolvimento com o jogo da luta de sumô apenas ocorre verdadeiramente quando um jogador adota a etiqueta, o etos, o contexto e as convenções do jogo também.

Jogaremos um jogo?

À primeira vista, pode parecer que só jogos altamente não convencionais como Assassin, Majestic e Botfighters realmente ofuscam as fronteiras do círculo mágico. Contudo, as regras implícitas, a atitude lúdica e o círculo mágico operam de tal maneira que podemos considerar qualquer jogo, pelo menos em parte, como um ambiente cultural. Até o final deste esquema, voltaremos a essa proposição importante. Antes disso, porém, vamos explorar esses conceitos por meio de exemplos particulares, vendo os jogos concebidos para explicitamente ofuscar as fronteiras do círculo mágico.

Nosso primeiro exemplo foca um jogo supostamente concebido e operado pela Microsoft como uma campanha de marketing viral para o filme *A.I.:* Inteligência artificial. O jogo baseado na Web, conhecido por seus jogadores informalmente como "The Beast", "A.I. Game" ou apenas "A.I.", teve participantes de todo o mundo decifrando de forma colaborativa os enigmas e as pistas enigmáticas em toda uma variedade de mídias. O jogo começou com um crédito enigmático no final do trailer do filme. Os telespectadores espertos pegaram um anúncio misterioso para "Jeanine Salla, Sentient Machine Therapist" e um conjunto de símbolos misteriosos. Quando os leitores (agora jogadores) digitavam o nome "Jeanine Salla" em um mecanismo de busca na Internet, começavam uma jornada no estilo País das Maravilhas por uma série de sites com links. Os sites combinavam informação do mundo real e informações do mundo fictício da história do filme A.I., causando uma luta dramática entre humanos e robôs capazes de ter emoções humanas.

Ao longo de vários meses que antecederam a estreia do filme, milhares de jogadores participaram do jogo. Muitos expressaram reações profundas à distorção das fronteiras entre jogo, filme, vida e realidade. Como um leitor escreveu num ensaio em cloudmakers.org, o site da comunidade mais ativa desenvolvido pelos jogadores do jogo: "Aqui estamos, cada um de nós estimulado por ofuscar as linhas entre história e realidade. O jogo promete não se tornar só entretenimento, mas nossas vidas. Mas onde na história há espaço para as questões mais mundanas de nossas vidas reais que devem ser atendidas?"[4] Enquanto os jogadores ficavam intrigados e muitas vezes obcecados pelo jogo, havia um claro sentimento de inquietação sobre a verdade do que realmente estava acontecendo. A ambiguidade em torno do status do jogo (era um jogo, quebra-cabeça, história, jogada de marketing perversa?) tornou a experiência de jogo estranhamente atraente. Outro jogador observou:

> Na manhã da estreia, vamos conhecer o enredo, o enredo secundário, o conflito, o clímax e o diálogo até a última pausa comovente. Certamente, os PMs [Puppet Masters, os desenvolvedores do jogo] sabem disso; eles também sabem que a maioria de nós irá, de qualquer maneira, experienciá-lo por conta própria. Portanto, algo não descoberto ainda permanece — o coração (e tudo que isso implica).[5]

O quebra-cabeça no jogo tinha jogadores lendo Göedel, Escher, Bach, traduzindo do alemão, japonês e de uma língua obscura chamada Kannada, decifrando código Morse e Enigma, e realizando uma série de operações nos arquivos de som e imagem baixados e trocados entre eles.[6] Às vezes, os jogadores recebiam telefonemas reais de partes não identificadas para participar de eventos do mundo real. Em uma reunião "antirrobô", por exemplo, os participantes resolveram enigmas e passaram as respostas por telefone para os jogadores em rallies sendo realizados simultaneamente em outras cidades. A todo momento, o A.I. jogava com as fronteiras entre círculo mágico do jogo e os espaços culturais fora dele. A experiência de jogo da maioria dos jogos pode ser enquadrada como um sistema fechado, no qual a interação lúdica do jogo é, em alguns aspectos, delimitada pelo círculo mágico. Mas, como o espaço do jogo em A.I. era ambíguo, ele funcionava como um sistema aberto, desafiando suposições implícitas sobre o âmbito do espaço de possibilidades. Como resultado, o A.I. misturava-se livremente com seu ambiente em um nível muito profundo. Os jogadores eram claramente afetados pelo jogo, tal a abordagem conferida.

Embora haja muito a ser dito sobre esse jogo numa perspectiva de marketing, nosso interesse está em outro lugar — em como seu jogo tornou-se significativo, ao mesmo tempo que apagava e redefinia as fronteiras tradicionais que separam a realidade da ficção. De uma perspectiva de design do jogo, quais elementos do jogo contribuíram para seu status de intruso no mundo real? Listados a seguir estão alguns recursos marcantes do A.I., incorporando o comentário da análise on-line do jogo pelo jogador Daragh Sankey.[7]

Baseado na Web
Embora o formato dos jogos baseados na Web não seja novo, o A.I. fez um uso maravilhoso das propriedades únicas da Web. A história foi construída com base em uma combinação de pontos distribuídos. Uma mecânica básica da jogabilidade envolvia pesquisa e navegação na Web, tornando a Internet fundamental para a estrutura do jogo.

Conteúdo ficcional do jogo disfarçado de realidade
Todas as informações contidas nos inúmeros sites criados para o jogo foram fabricadas. Não houve,

porém, nenhuma página que anunciasse: "Esta é uma obra de ficção". Na verdade, muitos sites poderiam facilmente ter sido interpretados como reais, tais como o www.rational-hatter.com. Essa estratégia de representação ajudou a reforçar a ilusão de que o jogo era parte do mundo real, e não parte de um mundo artificial de jogo.

Conteúdo descentralizado

Diferentemente da maioria dos jogos baseados na Web, o A.I. não tinha nenhum portal ou homepage. O conteúdo estava espalhado por muitos sites, permitindo inúmeros pontos de entrada. Contudo, a complexidade distribuída do jogo exigiu a necessidade de um centro de informações. Como um efeito emergente do comportamento do jogador, o site www.cloudmakers.org foi rapidamente adotado como o principal portal de jogo criado por um jogador.

Eventos do jogo ocorriam fora da Web

Embora a maior parte do jogo estivesse localizada na Web, os eventos mais radicais pareciam ocorrer off-line. E-mail, fax e telefones, todos desempenhavam um papel no jogo. Por exemplo, o trailer do *A.I.* incluía um número de telefone codificado, que, quando chamado, reproduzia uma mensagem de voz misteriosa da "mãe". Os jogadores podiam digitar as senhas dos personagens em contas de correio de voz fictícias e descobrir novas informações. A.I.s associados ao jogo até telefonavam para os jogadores em casa. O mais impressionante, no entanto, eram os três "rallies" ("reuniões") da vida real organizados pela "Milícia Antirrobô" (www.unite-and-resist.org) em Nova York, Chicago e Los Angeles. Os jogadores recebiam uma data e endereço, e frequentavam o que acabou revelando ser peças de teatro mais inteligentes. Os rallies incluíam enigmas que requeriam uma colaboração em tempo real entre os jogadores nos eventos e em casa à frente dos computadores.

Conteúdo episódico

O conteúdo do jogo era atualizado semanalmente, pois elementos eram acrescentados, modificados e retirados. E-mails eram enviados para os jogadores; cada vez mais, sites ligados ao jogo eram "hackeados" por A.I.s extremistas. Com sua narrativa complexa e contínua, a desvantagem do lançamento episódico do A.I. era que os jogadores que entravam no jogo mais tarde tinham problemas para acompanhar. A vantagem era um elevado sentimento de urgência porque o jogo não poderia ser interrompido. Como uma estrutura narrativa, o lançamento episódico foi uma escolha natural para um jogo baseado na Web, pois a maioria dos sites reais muda ao longo do tempo. Além disso, como o jogo levava de modo cronológico ao lançamento do filme, fazia sentido que ele construísse um clímax único.

Solução de problemas distribuída

Muitos quebra-cabeças no jogo eram extremamente difíceis de resolver (alguns deles ainda não foram resolvidos até hoje). Por exemplo, mensagens estavam escondidas no código-fonte html de certas páginas da Web. Qualquer um poderia descobrir essas informações, mas como o jogo tinha muitos sites, os jogadores solitários possivelmente não conseguiriam obtê-las. É seguro dizer que um indivíduo isolado nunca conseguiria jogar o jogo inteiro do começo ao fim. Assim, os sites de fãs serviam como um ponto de encontro para os jogadores, que colaboravam compartilhando novos desenvolvimentos e respostas do enigma, organizando e compartilhando as tarefas de solução de problemas. Essa foi uma decisão de design arrojada porque, no design de um jogo, geralmente é melhor errar no lado da simplicidade e da facilidade, em vez de no lado da complexidade. Mas com o A.I. o risco valeu a pena — o design incentivava os jogadores a interagir socialmente e o jogo de colaboração aumentava a satisfação cada vez que um quebra-cabeça era solucionado.

Interação entre autores e jogadores

Os jogadores presumiam desde o momento em que começavam o jogo que havia uma história definida para o jogo, que terminaria no lançamento do filme. As atualizações semanais geralmente envolviam enigmas que os jogadores tinham que resolver antes que pudessem acessar o conteúdo da nova história. Muitos jogadores especulavam que, como o tamanho e a eficácia dos grupos resolvendo os enigmas era uma variável imprevisível, o design de novos enigmas propostos pelos autores do jogo era baseado no desempenho anterior dos jogadores. Por exemplo, se um quebra-cabeça acabasse sendo muito difícil para os jogadores, os autores eram forçados a encontrar meios alternativos de fornecer uma atualização da história para que a solução do enigma não resolvido fosse garantida. Se os autores não buscassem formas alternativas de disseminação, havia um risco de a história nunca ser concluída.

Ofuscamento da linha divisória entre jogadores e designers de jogos

É interessante notar que os criadores do jogo deliberadamente ofuscavam as linhas entre eles mesmos e os jogadores. Em alguns casos, páginas do jogo tinham links para as páginas dos fãs sem romper a dissimulação. O ensaio de Jeanine Salla sobre "Grupos de solução de problemas sociais com várias pessoas como uma forma de 'inteligência artificial'" tinha um link para a página do site cloudmakers (www.cloudmakers.org); o Center for Robotic Freedom (www.inourimage.org) pedia que os jogadores ajudassem na luta pelos direitos do A.I. visitando a página do spherewatch (www.spherewatch.net), outro site de fãs. De fato, um jogador observou que a maneira mais fácil de os autores do jogo controlarem a disseminação da história teria sido que eles se juntassem disfarçadamente aos fãs, postando soluções para os enigmas quando vissem que os verdadeiros jogadores estavam tendo problemas.

Cada uma dessas decisões de design contribuiu de formas distintas para ofuscar as fronteiras entre o espaço do jogo e a vida cotidiana. Todos os elementos listados têm uma coisa em comum: uma atenção cuidadosa na criação de uma interação lúdica significativa. O aspecto baseado na Web do jogo, por exemplo, aproveitou bem a mídia. Os jogadores eram recompensados por pesquisas cuidadosas na Web e pela investigação do código-fonte com resultados significativos. Da mesma forma, a ação social do jogo, desde os enigmas de colaboração até os encontros do mundo real, também eram formas de interação lúdica significativa produzidas por escolhas de design específicas do jogo. Até a tênue linha que separa o fato da ficção — uma linha que ficou mais porosa pelo formato distribuído e de improviso do jogo — só foi possível por meio de um design bem-sucedido. Cada um desses elementos do jogo — o uso da Web, interação lúdica social colaborativa, ficção disfarçada como fato — tira proveito do jogo como um ambiente cultural, ofuscando intencionalmente as fronteiras do círculo mágico. As muitas dimensões do jogo A.I., desde seu jogo com prazer até seu jogo social e de narrativa, "jogam" intencionalmente com a fronteira entre o jogo e o mundo ao redor que ele infiltra, infesta e habita.

O jogo A.I. leva a ideia de jogo como ambiente cultural ao extremo. Mas, em certo sentido, todas as experiências de jogo envolvem brincar com a distinção entre o mundo do jogo e o resto do mundo. O conceito de Gregory Bateson de metacomunicação, pela primeira vez apresentado em ***Jogos como interação lúdica de significados***, lembra que jogar um jogo não é um ato de imersão simples, mas um ato de comunicação constante sobre o ato de jogar em si. Um cão que morde outro cão significa uma dentada por meio da sua ação, mas também comunica a ideia de que a mordida não é uma mordida real; o cão não está realmente atacando, mas apenas brincando.

Todos os jogos produzem essa qualidade de dupla consciência, mas A.I. levou isso a novos patamares. Parte do brilhantismo do design do jogo é que ele incorporou a própria metacomunicação como uma forma de interação lúdica. Ao ofuscar as fronteiras do círculo mágico como uma opção-chave do design, ele possibilitou novas formas de cruzar a fronteira, intensificando o prazer da metacomunicação. Enquanto os jogadores se moviam pelas estruturas projetadas do jogo, a cada momento as tensões entre crença e ceticismo, entre jogar um jogo e representar a vida real, moviam o jogo para frente e criavam formas cativantes de interação lúdica.

O parque invisível

Dos espaços eletronicamente mediados do A.I., vamos para outro jogo que enfatiza o jogo do seu ambiente cultural: o LARP (live-action role-playing game) ou RPG de ação ao vivo. Os LARPs também ofuscam as fronteiras entre o interior e o exterior de um jogo, mas fazem isso

Agir | **Todos os jogadores declaram suas respostas em voz alta. SPORK:** Cite uma cor que não usaria de jeito nenhum. **FOON:** Cite sua cor favorita para roupas.

por meios muito diferentes. Os LARPs são descendentes diretos de RPGs de mesa como Dungeons & Dragons. Como nos RPGs de mesa, os jogadores LARP assumem a personalidade de personagens fictícios, definidos por meio das estatísticas do jogo formal, bem como por meio da história pregressa da narrativa e de uma personalidade inventada.

Mas os LARPs não acontecem ao redor de uma mesa. Em vez disso, os LARPs ocorrem em espaços físicos reais, pois os jogadores caminham e interagem uns com os outros, representando dramaticamente as ações de seus personagens em tempo real. Embora os LARPs tenham Mestres do Jogo que planejam e julgam as sessões, bem como regras que lidam com o combate e outras ações complexas do jogador, a maioria das atividades de um LARP consiste na interação social, pois os jogadores conversam "no personagem" para fazer planos, perseguem linhas narrativas e tramam uns contra os outros. Os LARPs podem ocorrer em ambientes exteriores ou interiores, em espaços privados ou públicos. O local onde o LARP ocorre, assim como o vestuário e a interação dos jogadores, depende muito do cenário narrativo do LARP. Um LARP com tema medieval pode ocorrer em um ambiente de deserto ou uma feira renascentista. Um LARP futurista pode ocorrer em uma série de salas de convenção ou na casa de um dos jogadores.

Nick Fortugno, designer de jogos e Grande Mestre do LARP, manteve um LARP por muitos anos na cidade de Nova York com base em Vampiro: A Máscara. Seu jogo, na atual Nova York, acontecia regularmente em espaços públicos que variavam desde o Washington Square Park até a Grand Central Station. Todos os jogadores assumiam o papel de vampiros, criaturas antigas e poderosas que vivem secretamente entre os seres humanos. Nos típicos jogos de Vampiro: A Máscara, a ênfase não está no confronto físico ou nos jogadores caçando seres humanos por causa do sangue. Ao contrário, o interesse do jogo vem das lutas de poder barrocas travadas entre os clãs de vampiros aristocratas. O LARP de Fortugno, intitulado Seasons of Darkness, foi projetado seguindo essas linhas e era um jogo de política social densa e narrativa intrincada. Seasons of Darkness envolvia com êxito seu ambiente cultural de várias maneiras.

Espaços públicos

Embora muitos LARPs sejam realizados exclusivamente em ambientes isolados, a maioria das sessões do Seasons of Darkness era realizada em espaços públicos urbanos. Com essa decisão de design, Fortugno (e Tami Meyers, administrador do jogo), criou um jogo que apagou intrinsecamente os limites do círculo mágico. Na maioria dos jogos, mesmo os jogos físicos do mundo real, o jogo acontece em um campo, quadra ou algum lugar reservado especificamente para o jogo. Seasons of Darkness não usou um espaço concebido artificialmente, mas espaços existentes apropriados. Os jogadores integravam seu contexto "achado" na interação com o jogo de muitas maneiras. Uma varanda com vista para o Winter Garden do World Trade Center, por exemplo, poderia ser usada para aumentar o efeito dramático de um jogador fazendo um discurso para os outros jogadores abaixo; a mesma varanda também poderia ser usada estrategicamente como um ponto privilegiado para espionar.

O espaço de jogo do Seasons of Darkness era congruente não apenas com o cenário material, mas também com o ambiente cultural da cidade de Nova York. Mídia, símbolos e transeuntes desavisados eram todos alimentos para o jogo. Um personagem correndo poderia entrar em uma multidão de passageiros, camuflando-se entre os transeuntes, em uma tentativa de se esquivar de seus perseguidores. Ou dois jogadores poderiam ser inspirados por uma vitrine de loja de roupas para ter uma conversa sobre os modismos atuais na cultura "humana". Esse uso do espaço público como espaço do jogo aumentou muito as opções da interação lúdica narrativa. Como apresentamos pela primeira vez em ***Interatividade***, o *espaço de possibilidades* de um jogo é o espaço de evento de todas as ações possíveis do jogo que podem ocorrer ao longo da interação lúdica. O espaço de possibilidades, mesmo em um círculo mágico fechado, pode ser bastante grande. Mas eventos inesperados e um fluxo constante de pessoas e cultura em uma sessão de Seasons of Darkness tornavam verdadeiramente infinito o espaço de possibilidades do jogo. O jogo era jogado em todo e qualquer lugar simultaneamente, pois os jogadores improvisavam e inventavam continuamente novas maneiras de interagir com seu ambiente.

Interação com o mundo real

Como na maioria dos LARPs, os jogadores do Seasons of Darkness representavam seu jogo movendo-se, falando e gesticulando "incorporados no personagem". Em contraste com a maioria dos jogos, nos quais as ações do jogo são gestos artificiais e estilizados (mover uma ficha de plástico para um novo espaço no tabuleiro quando é sua vez, passar a bola para certos jogadores de determinadas maneiras), os jogadores do Seasons of Darkness usavam comportamentos naturalizados. Na brincadeira pega-gelo (ou estátua), tocar outro jogador no braço tem ramificações formais para o jogo. Mas, em um LARP, tocar outro jogador no braço normalmente tem o mesmo significado de comunicação que tem na vida cotidiana: talvez seja um gesto de empatia ou um pedido silencioso para que o destinatário pare de falar. Esse é um desvio significativo dos jogos mais típicos. O ofuscamento e o apagamento do círculo mágico ocorrem não só em termos de cenário do jogo, mas também no nível das interações do jogador. A mecânica básica de um jogo são as ações básicas do jogo ou o conjunto de ações que os jogadores realizam repetidamente quando interagem. No caso de Seasons of Darkness, a *mecânica básica* do jogo se sobrepõe aos comportamentos da vida cotidiana. Falas, gestos, habilidades dramáticas: essas ferramentas para interação social faziam parte do ambiente cultural que cada jogador trouxe para o jogo. Embora a comunicação social ocorra na maioria dos jogos, em Seasons of Darkness essas atividades eram, em si, as ações básicas do jogo.

Isso não quer dizer que o jogo não tinha seu próprio conjunto de ações do jogo estilizadas; certamente tinha. O combate e o uso de poderes sobrenaturais requeriam um comportamento estilizado, que Fortugno projetou como parte do jogo. Talvez fosse o caso, por exemplo, que um toque no braço não indicasse um inocente gesto de fala comunicativa, mas sinalizasse o uso de uma ação mágica. Em Seasons of Darkness, um jogador que tinha usado um poder especial para ficar invisível cruzava seus braços. Esse gesto significava invisibilidade e os outros jogadores tinham que agir como se o jogador invisível não estivesse presente.

Há uma distinção importante a fazer aqui. Embora seja verdade que um LARP ofusque as fronteiras do círculo mágico, estas nem chegam perto de ser totalmente erradicadas. Apesar da sobreposição das ações e eventos da vida quotidiana, o jogo continua sendo capaz de gerar seus próprios significados. O significado do gesto de braços cruzados é artificial, *não* uma parte do nosso léxico diário de interação. Mas é totalmente coerente com o que já sabemos sobre os jogos. Como analisamos em ***Jogos como experiência da simulação***, o aspecto metacomunicativo da consciência do jogador cria o que o folclorista Gary Allen Fine chama de "camadas de significado", nas quais o personagem do jogo, o jogador do jogo e o contexto do mundo real coexistem em uma teia de estruturas cognitivas interligadas.

História emergente

Considerando que alguns LARPs contam com histórias previamente geradas e eventos estritamente roteirizados, a narrativa de Seasons of Darkness foi um *sistema amplamente emergente*. Fortugno incentivou narrativas de *baixo para cima*, em vez de *cima para baixo*: muitos dos eventos mais importantes da história foram *produzidos pelo jogador*: resultado dos personagens planejando e conspirando uns contra os outros. Cada sessão era um sistema complexo, com os personagens colidindo entre si como partículas da narrativa. Cada interação entre os personagens baseava-se nas anteriores, somando-se aos padrões maiores do comportamento narrativo. Ao gerenciar esses padrões entre as sessões, Fortugno teve de equilibrar os elementos narrativos *emergentes* com os *incorporados*. As qualidades inesperadas e emergentes do jogo mantinham-no movendo-se em direções vivas e imprevisíveis. Mas, ao longo dos anos em que o jogo foi jogado, Fortugno também desenvolveu enredos elaboradamente incorporados que só foram plenamente concretizados durante o clímax final do jogo.

Escrever | SPORK: Escreva o nome de um jogo que você gostaria de jogar agora. **FOON:** Escreva o nome de um jogo que você gostava de jogar quando era criança.

A emergência ocorre dentro de um contexto, o *ambiente* do sistema. Em Seasons of Darkness, os contextos narrativos foram estabelecidos a partir da complexa história pregressa do jogo, que era derivada de várias fontes: o folclore e a lenda dos vampiros; o mito das regras do jogo publicadas; uma história de ficção de vampiros de Nova York que Fortugno escreveu; eventos estabelecidos nas sessões anteriores do jogo; personalidades consistentes dos personagens e suas lealdades e inimizades, e o cenário público e outros elementos do ambiente cultural. Qualquer conversa ou interação entre os personagens ocorria num rico contexto narrativo repleto de potencial da história.

Metanarrativas

Jogar um jogo em um espaço público tem seus desafios, especialmente quando os jogadores estão fingindo ser vampiros. Grandes grupos de jogadores, correndo por horas tarde da noite, poderiam atrair uma atenção indesejada de policiais e seguranças. Parte da interação lúdica do jogo incluía negociar o atrito entre os cenários do mundo real e a forma incomum como os jogadores os habitavam. Mas, curiosamente, essa precisa negociação era um lugar de interação lúdica significativa.

No universo narrativo do jogo, os vampiros vivem em segredo, fingindo ser humanos (daí a "máscara" de Vampiro: A Máscara). O crime mais grave que um vampiro pode cometer é vazar informações para a sociedade humana sobre a existência de vampiros. Por essa razão, os jogadores que falam sobre as questões políticas do clã de vampiros ou dos poderes ocultos sobrenaturais baixam suas vozes quando não jogadores estão por perto. Os jogadores manifestam a narrativa no jogo do sigilo fingindo que os transeuntes precisam ser mantidos no mistério sobre a verdade sinistra. Ao mesmo tempo, os jogadores mantêm outra forma de informação secreta: o fato de que eles estão jogando um jogo. Os significados secretos do jogo, tais como o fato de que um jogador com braços cruzados é "invisível", permanecem desconhecidos para o público em geral.

Há uma bela lógica dupla para a maneira como esses elementos do jogo se desenvolvem. Assim como os vampiros no mundo ficcional do jogo mantêm sua existência para si, os jogadores do jogo escondem sua própria presença do círculo mágico. A seção ***Jogos como sistemas de informação*** explorou as maneiras como os jogos manipulam informações privadas e públicas para conduzir a interação lúdica significativa. Em Seasons of Darkness, o jogo em si era um tipo de informação privada mantida escondida do público. Essa abordagem está em contraste com a maioria dos jogos, em que os jogadores e os espectadores reconhecem a presença do círculo mágico e a distinção entre os jogadores e os não jogadores é imediatamente evidente. As informações especiais que os jogadores do Seasons of Darkness têm sobre a existência do jogo são mais que informações formais sobre suas regras: são informações culturais, informações que definem a *comunidade de interação lúdica* e a unem.

O conhecimento privado que os jogadores têm sobre o jogo age para exemplificar a narrativa em si. A existência imaginativa dos jogadores como vampiros não humanos é intensificada pelo status secreto que eles guardam dentro do ambiente público cultural em que o jogo ocorre. O conhecimento privado sobre o jogo funciona como uma forma de *representação procedural*, um conceito que introduzimos em ***Jogos como interação lúdica da simulação***, em que a significação emerge a partir de um processo dinâmico. Uma multidão de turistas desavisados abre caminho para revelar a ameaçadora figura vestida de preto de um vampiro inimigo caminhando confiante em sua direção: esse é um momento forte da narrativa procedural que só poderia acontecer em um LARP. Mas, ao contrário da maioria das formas de representação procedural, em que o conjunto fechado de regras e interações do jogo geram uma representação, aqui surge a representação sobrepondo o jogo ao mundo real. O ofuscamento dos limites entre jogo e seu ambiente cultural é em si um ato de representação.

Eventos atuais

O jogo Seasons of Darkness foi ambientado no mundo real, nos dias atuais. Como resultado, os eventos políticos que ocorrem no nível local, nacional e global podem ser incorporados na narrativa do jogo. Por exemplo, na narrativa do jogo, Rudolph Giuliani, prefeito da cidade de Nova York da época do jogo, era um boneco com mente controlada por um dos jogadores mais poderosos. Como o Mestre do Jogo, Fortugno tinha total liberdade para ligar os eventos do mundo real à ação de narrativa do jogo; ele incentivava livremente os jogadores a fazê-lo também. Quando o estilista Gianni Versace foi assassinado, o clã de vampiros que influenciam e guiam a arte e a cultura humana colocou seus personagens em luto por uma sessão inteira do jogo depois da notícia. Com base nessa ação criativa do jogo, Fortugno decidiu fazer da morte um assassinato vampiresco com maiores implicações políticas.

Dessa forma, Seasons of Darkness foi um sistema de *cultura aberta*, trocando significado com seu contexto cultural e transformando esse significado em narrativas específicas do jogo com resultados integrados que afetam o jogo futuro. Fortugno incentivou o *paradigma do jogador como produtor*, incentivando os jogadores a modificar e transformar o significado do jogo por meio de atos de criação independentes. Embora Fortugno sempre tivesse a aprovação final da apropriação de um jogador de um evento do mundo real, o contexto compartilhado do jogo e seu enredo significavam que ele raramente tinha de exercer sua autoridade censora. A importância da produção do jogador de Seasons of Darkness reside no fato de que os jogadores não estavam simplesmente inventando um objeto de jogo isolado, tal como uma *skin* de Quake ou uma obra de ficção de fãs. Seu ato de criação consistia em localizar um acontecimento no mundo real e estender a narrativa do jogo para aceitá-lo. Em Seasons of Darkness, o ambiente cultural dos eventos atuais era a matéria-prima para a produção do jogador.

Cada um desses elementos de design, atuando em conjunto, criou uma experiência extremamente significativa, apoiando uma comunidade de jogo de várias dezenas de jogadores por mais de cinco anos. Cada elemento do jogo era o resultado de escolhas de design cuidadosas do jogo. O perigo e a dificuldade de projetar um jogo totalmente integrado em seu ambiente cultural como o Seasons of Darkness é que o jogo pode sair do controle. Devido à sua ação intencional com os limites do círculo mágico, o jogo tem o potencial de se misturar muito bem em seu ambiente. Se ficar muito ambíguo, a *segurança e a confiança* compartilhadas que permitem à comunidade do jogo persistir podem desaparecer.

Reconhecendo esse perigo, Fortugno manteve o design do jogo bem restrito em muitos aspectos. Tratando o jogo publicado como um sistema aberto, ele reescreveu as regras, aperfeiçoando a mecânica do jogo formal para que os jogadores pudessem focar no RPG e no enredo. Embora o jogo existisse em espaços públicos, sempre houve restrições sobre onde os jogadores podiam viajar e o que eles podiam fazer durante um jogo. O tempo de uma sessão do jogo também foi claramente marcado: cada sessão começava e terminava com um ritual inspirado em Peter Pan, no qual Fortugno soprava um pó mágico imaginário e fumaça rosa sobre os jogadores. Mesmo em um jogo com fronteiras tão permeáveis, o tempo e o espaço do círculo mágico ficavam inequivocamente demarcados.

> Como já observamos muitas vezes, o design do jogo é um *processo de design de segunda ordem*. Os designers de jogos criam as experiências do jogo, mas apenas indiretamente por meio da criação de regras e estruturas que, em seguida, despertam o jogo. Como designer de jogos, Fortugno manipulou habilmente as estruturas formais do jogo e suas relações com os contextos culturais, equilibrando uma restrição firme com uma integração aberta no ambiente cultural do jogo. O resultado foi o jogo apaixonante e refinado de Seasons of Darkness.

Ambiente ideológico

Para um terceiro e último estudo de caso, analisamos Suspicion, um jogo de cartas inédito projetado para um ambiente de escritório, para ser jogado por mais de uma semana de tempo real. Eric criou o jogo Suspicion enquanto trabalhava em uma empresa de desenvolvimento de jogos em Nova York em meados dos anos 1990 e organizou dois testes completos do jogo. Tal como acontece com A.I. e Seasons of Darkness, o design do jogo faz um uso explícito do seu ambiente cultural. Mas, também, envolve-se em uma forma de resistência cultural, não encontrada nos dois outros estudos de caso.

Cada jogo Suspicion começava com um convite. Todos na empresa recebiam um e-mail explicando que o jogo ocorreria na semana seguinte; se eles quisessem jogar, precisavam enviar uma resposta. Os jogadores eram instruídos a não revelar aos outros funcionários se eles tinham ou não decidido jogar. Em uma empresa com cerca de cem funcionários, cada jogo envolvia aproximadamente 20 jogadores. Na semana seguinte, quando o jogo começava, os jogadores recebiam as regras do jogo e uma pequena coleção de cartas.

Uma dessas cartas continha a identidade do jogador. Cada jogador nesse jogo de conspiração pertencia a dois grupos, uma seita e uma instituição. Um jogador podia, por exemplo, pertencer à Seita da Roupa Turquesa e à Instituição do Estado. Cada par de filiações do jogador era único, assim não havia dois jogadores pertencendo ao mesmo par de grupos. Cada jogador também começava o jogo com seis Cartas Ocultas. Cada Carta Oculta tinha a cor e as insígnias de um dos grupos no jogo. O objetivo do jogo era localizar os outros jogadores em seus grupos e trabalhar com eles para adquirir as Cartas Ocultas com as cores e as insígnias do grupo que você compartilhou. A primeira Seita e a primeira Instituição que viesse para o árbitro (Eric) com todos os seus membros e certo número de Cartas Ocultas correspondentes ao grupo vencia o jogo. Para ajudar os jogadores a encontrar uns aos outros, cada grupo recebia uma palavra de código ou um gesto de código para ajudar a identificar os outros jogadores no grupo.

Para adquirir as Cartas Ocultas, um jogador tinha que usar as Cartas de Acusação para acusar formalmente o outro jogador de estar em um grupo. Se sua acusação fosse correta, você poderia usar qualquer uma de suas Cartas Ocultas para "atacar" o acusado, um ataque que terminava como um simples jogo de duelo de cartas. Se sua acusação fosse incorreta, o alvo poderia tirar uma Carta Oculta de você. Os jogadores também podiam negociar livremente as cartas uns com os outros, mas geralmente só o faziam com outros membros de seus grupos. A trajetória geral do jogo começava com os jogadores descobrindo quem estava e quem não estava jogando, em seguida usando palavras de código e gestos para identificar os outros em seus grupos e, por fim, compartilhando conhecimento e Cartas Ocultas em um grupo para atacar estrategicamente os outros jogadores. Suspicion interagia com seu ambiente cultural de várias maneiras.

Conflito vivido

Tal como acontece com Seasons of Darkness, Suspicion ocorria em um espaço físico não concebido para a interação artificial de um jogo: um ambiente de escritório. Ao contrário de LARP, o espaço do jogo não era um espaço público que os jogadores visitavam por um tempo limitado. Era o lugar onde eles trabalhavam, incluindo seus escritórios, refeitórios e salas de reunião. O ambiente cultural do jogo era um espaço que os jogadores já conheciam intimamente. Por esse motivo, o jogo realmente habitava seu ambiente. O espaço de trabalho tornava-se sinônimo do círculo mágico; a hora e o local da jornada de trabalho tornavam-se a hora e o local do jogo. Havia algumas restrições formais sobre onde o jogo poderia ser jogado (uma reunião agendada com um cliente externo estava fora dos limites), mas, por outro lado, quando um jogador chegava ao trabalho, ele tinha que estar pronto para atacar ou ser atacado. Todos os jogos incorporam um *conflito* e a tensão surge em um jogo quando os jogadores lutam para resolver o *conflito*. Um dos papéis que o círculo mágico representa é conter o conflito do jogo, em vez de permitir que ele se estenda para a vida cotidiana. Tal como em Assassin, no jogo Suspicion não havia como escapar do conflito do jogo; a interação lúdica do jogo tinha de ser integrada ao resto da vida.

Intervenções

Como Suspicion operava dentro e entre as atividades do trabalho normal, a interação lúdica do jogo dominava e transformava o local de trabalho. Por exemplo, no jogo Suspicion cada grupo tem um gesto ou palavra de código que pode usar para identificar os outros membros do mesmo grupo. Essa mecânica comunicativa do jogo leva a conversas estranhamente estratégicas. Cada jogador tenta revelar seu próprio gesto ou palavra de código para encontrar aliados, mas faz isso de uma maneira muito sub-reptícia, para que o outro grupo não perceba e adquira a informação.

Como resultado dessa mecânica, os jogadores tornaram-se muito autoconscientes sobre como eles interagiam uns com os outros. O jogo adicionava uma nova camada de significado a cada ato de fala no escritório, transformando-o em uma ação complexa que poderia ser usada para identificar os aliados ou evitar os rivais. Como exploramos em ***Jogos como interação lúdica de significados***, parte da ação de qualquer jogo é *entender* seus significados e representações. Ao invadir e se apropriar da comunicação cotidiana, o jogo Suspicion traz esse aspecto do entendimento dos jogos para o centro do palco. A pessoa com quem você está falando sobre uma tarefa de trabalho está jogando o jogo? Estão tentando dizer-lhe alguma coisa? Você deixou sua palavra de código escapar sem querer? O sentido da consciência alterada era tão difundido que até mesmo os funcionários que não estavam jogando o jogo se juntavam, fingindo que também tinham uma identidade secreta. A partir dos relatos do jogador que se seguiam a cada teste de jogabilidade, ficou claro que essas camadas extras de significado eram um tanto desconfortáveis de habitar, mas ainda assim intensamente prazerosas como uma interação lúdica.

Em ***Definindo interação lúdica***, estabelecemos que *interação lúdica* é o movimento livre dentro de uma estrutura mais rígida. Quando as próprias estruturas rígidas mudam como resultado do movimento da interação lúdica, o resultado é uma *interação lúdica transformadora*. Por meio da interação lúdica de Suspicion, os espaços sociais do trabalho foram alterados. Mesmo quando os jogadores não estavam falando sobre o jogo, a desconfiança e a autoconsciência do jogo Suspicion mudavam suas interações.

Mudança drástica

O jogo Suspicion foi planejado para minar as relações de poder existentes no local de trabalho. Em qualquer empresa, uma estrutura institucional define o controle e a autoridade: quem toma as decisões, quem recebe mais, quem é o chefe de quem. Quando os jogadores do jogo Suspicion são designados aleatoriamente a seitas e instituições no início do jogo, a composição desses grupos não tem nenhuma relação com as relações departamentais, espaciais, econômicas ou hierárquicas existentes entre os jogadores. O Suspicion reformulou e, assim, transformou essas relações de poder, alterando de alguma maneira as relações de cada jogador com os outros participantes.

A estrutura da identidade do jogador em Suspicion (cada jogador é atribuído a uma única combinação de alianças de grupo) garante que você não pode confiar completamente em mais ninguém. Você pode ter encontrado os membros de sua Seita, mas cada um deles pertence a uma Instituição diferente, que se opõe à sua. Um de seus membros da Seita poderia sugerir que você una suas Cartas Ocultas com as dele, de modo que as cartas valiosas de sua Seita fiquem mais adequadamente protegidas — mas ele pode simplesmente estar planejando usar de modo egoísta as cartas para a Instituição dele. Esse sentimento de incerteza e desconfiança constantes criava uma atmosfera tensa de jogo. O jogo recompensava o logro e a interação lúdica envolvia muitas armadilhas e traições. As relações de poder existentes não apenas eram minadas, como também nunca tinham a oportunidade de se estabelecer em uma hierarquia estável. O jogo Suspicion revelou algumas das *retóricas culturais*, ou ideologias, que ajudam a constituir o local de trabalho. Mas como o jogo transformava as relações de poder, ele também servia como um local de *resistência cultural*. Ao minar os padrões existentes de autoridade da empresa, ele expunha as formas normalmente invisíveis como o poder normalmente operava.

Às vezes, os jogos exibem a *interação lúdica proibida*, formas de interação não jogo não permitidas na vida cotidiana. Em Suspicion, um funcionário pode visitar seu chefe, acusá-lo de ser um inimigo e atacá-lo impiedosamente com suas Cartas Ocultas. Reformulando a autoridade da empresa como uma teia de enganos, as relações entre os funcionários foram radicalmente transformadas. Por meio de sua interação lúdica, o jogo Suspicion operava como uma crítica cultural. Ele teve sucesso apenas por causa da maneira como ofusca as fronteiras do círculo mágico. Um jogo de futebol em um piquenique da empresa pode atuar temporariamente para reformular a autoridade da empresa, mas isso não está ocorrendo *no* local de trabalho efetivo dos participantes. O potencial subversivo da resistência cultural no jogo Suspicion surge diretamente de sua apropriação literal do ambiente cultural.

Tal como acontece com outros exemplos, Suspicion consegue sua interação lúdica característica por meio de decisões de design específicas. Dos três jogos, Suspicion, de certa forma, joga mais radicalmente com seu contexto cultural. Seasons of Darkness, como um RPG, não envolvia uma competição explícita entre os jogadores. A.I. foi um grande projeto, mas sua estrutura de quebra-cabeça, na qual os designers do jogo continham as soluções, manteve claras as estruturas de autoridade. Por meio das ambiguidades contextuais que ele criou, Suspicion foi realmente culturalmente transgressor.

Em um jogo típico, o círculo mágico age para conter o conflito entre os jogadores. O jogo Suspicion não foi projetado apenas para criar desconfiança e logro, mas tinha jogadores agindo uns contra os outros em seu local habitual de trabalho. O círculo mágico enquadrava o escritório; não havia fuga dos outros jogadores depois do jogo se as coisas dessem errado. Durante o clímax do segundo jogo, um jogador fez uma oferta de pagar em dinheiro pelas Cartas Ocultas de outro jogador. A negociação nunca aconteceu, mas sua mera possibilidade despertou intensas emoções. O jogo corria o perigo de implodir, levando o designer a implementar uma regra proibindo o uso de dinheiro do mundo real no jogo.

Este caso mostra o poder e o desafio de projetar jogos como ambientes culturais. Como uma declaração política de transformação do poder do ambiente de trabalho corporativo, Suspicion foi um sucesso, seduzindo os jogadores com seu jogo verdadeiramente prazeroso, mesmo quando a interação lúdica em si envolvia uma crítica cultural do contexto de trabalho dos jogadores. Ao mesmo tempo, a resistência lúdica do jogo era equilibrada com a necessidade de um senso de responsabilidade para com os jogadores. Ambientes culturais são sempre a casa de alguém e até mesmo um jogo que incorpora uma crítica radical deve manter um espírito de "jogo limpo" para aqueles que ele afeta.

Fundamentos do design de jogos

Jogos como ambiente cultural é o esquema final em *Regras do jogo*. Em alguns aspectos, este capítulo nos fez completar um círculo. No curso da análise dos jogos A.I., Seasons of Darkness e Suspicion, voltamos a tratar muitos conceitos que formam a base conceitual de todos os volumes. O quadro na página oposta mostra uma lista parcial dos conceitos de design de jogos mencionados nesse esquema, na ordem em que aparecem e os capítulos em que foram apresentados pela primeira vez.

Existem muitos conceitos que não mencionamos no curso dessas análises. Mas uma visão abrangente não era a intenção da nossa análise. Nosso objetivo foi demonstrar como um conjunto de conceitos fundamentais de design de jogos trabalha para construir um entendimento completo da operação de um jogo complexo. Compreender um jogo exige mais do que simplesmente selecionar um esquema e aplicá-lo isoladamente a um problema de design de jogos. A operação complexa de um jogo só pode ser plenamente apreciada quando você adota uma abordagem multifacetada, combinando vários pontos de vista, estrategicamente construindo sua análise a fim de resolver o problema em mãos. Neste capítulo, estávamos vendo especificamente os jogos como ambientes culturais. Mas, para isso, foi necessário usar muito as ideias de **REGRAS**, **INTERAÇÃO LÚDICA** e **CULTURA** dos jogos.

A questão artificial

Voltamos agora à questão colocada no início deste capítulo. A premissa do esquema afirma que os jogos podem ser enquadrados como ambientes culturais, como fenômenos que coexistem com os contextos do mundo real. Se essa estruturação for levada ao seu extremo lógico, o círculo mágico desaparecerá por completo e o jogo se

definição de jogos	*Definindo jogos*
círculo mágico	*O círculo mágico*
três tipos de regras	*Regras em três níveis*
atitude lúdica	*O círculo mágico*
sistemas abertos e fechados	*Sistemas*
metacomunicação	*Jogos como interação lúdica de significados*
espaço de possibilidades	*Interatividade*
mecânica básica	*Jogos como experiência lúdica*
sistema emergente	*Jogos como sistemas emergentes*
narrativas incorporadas	*Jogos como interação lúdica narrativa*
narrativas emergentes	*Jogos como interação lúdica narrativa*
ambiente do sistema	*Sistemas*
a comunidade do jogo	*Jogos como experiência social*
informações públicas e privadas	*Jogos como sistemas de informação*
representação procedural	*Jogos como experiência da simulação*
cultura aberta	*Jogos como cultura aberta*
paradigma do jogador como produtor	*Jogos como cultura aberta*
segurança e confiança	*Jogos como experiência social*
design de segunda ordem	*Jogos como experiência lúdica*
conflito	*Jogos como sistemas de conflitos*
entender o significado	*Jogos como interação lúdica de significados*
jogo livre | jogo transformador	*Definindo interação lúdica*
retóricas culturais	*Jogos como retórica cultural*
resistência cultural	*Jogos como resistência cultural*
interação lúdica proibida	*Jogos como experiência social*

tornará sinônimo de seu ambiente. Se esse for o caso, até mesmo para alguns jogos, esse esquema forçaria uma reavaliação fundamental de nossas suposições básicas sobre o que os jogos são e como funcionam.

No decorrer deste capítulo, adotamos um olhar detalhado sobre os três jogos que explicitamente turvavam os limites do círculo mágico. De formas muito diferentes, os jogos A.I., Seasons of Darkness e Suspicion jogaram com seus ambientes culturais, destruindo os limites do círculo mágico em um grau mais extremo do que os jogos mais convencionais. Mas, em cada caso, embora o círculo mágico fosse ofuscado, transformado e misturado com seu ambiente, de certa forma ele ainda permanecia intacto. Em A.I., os jogadores nunca esqueceram que o jogo era realmente uma promoção para um filme de Hollywood. Em Seasons of Darkness, as sessões do jogo ocorriam dentro de limites estritamente físicos e temporais delimitados. E em Suspicion, os limites da interação lúdica, como a restrição sobre o uso do dinheiro, moveram o jogo no sentido de ser fechado, em vez de um sistema mais aberto. Nesses três jogos, o círculo mágico nunca desapareceu inteiramente. Se tivesse, provavelmente não seríamos capazes de chamá-los de jogos.

Assim, o círculo mágico não desapareceu afinal. Mas cada jogo, à sua maneira, jogou com seu possível desaparecimento. A estrutura rígida na qual a interação lúdica dos jogos se desenvolvia era, de fato, as convenções dos jogos em si. Um jogo enquadrado como um ambiente cultural joga com a própria definição do que é um jogo. Mas uma parte dessa definição da estrutura do jogo permanece intacta, mesmo quando ela é transformada por meio da interação lúdica. Um jogo que joga com a possibilidade de sua própria existência oferece aos designers de jogos abordagens potencialmente ricas. Como uma estratégia de design, a compreensão de um jogo como um ambiente cultural pode criar formas totalmente novas de experiências de jogo.

Criar um jogo como um ambiente cultural também é uma forma eficaz de organizar uma poderosa crítica cultural. Durante o século XX, a maioria das formas de arte e entretenimento tem se engajado criticamente com seus contextos culturais, desde os *ready-mades* de Marcel Duchamp até as trilhas sampleadas do hip-hop. À medida que um novo século desponta, é hora de os jogos reconhecerem seu papel nos ambientes culturais maiores, a fim de comemorar suas complexas relações com o restante da cultura.

Mas, a questão da artificialidade dos jogos permanece. Se estamos exigindo uma abordagem mais centrada na cultura para os jogos, por que ainda manteríamos a ideia de que são artificiais? Os enquadramentos culturais dos jogos — os enquadramentos que reconhecem seu status como sistemas abertos — não colocam a artificialidade dos jogos em questão? Se os jogos não são separados do restante da cultura, eles ainda são realmente artificiais? Sim. Chamar os jogos de artificiais não significa que eles são totalmente distintos da cultura. Independentemente do quanto os jogos possam estar integrados na cultura, sempre haverá algum aspecto da operação de um jogo que se baseia em seu próprio sistema, em vez da cultura, para criar significados para os jogadores.

Por exemplo, o Scrabble faz uso da língua, das letras e das palavras emprestadas de seu ambiente cultural, mas isso não significa que não possa também designar seu próprio conjunto de significados. A letra "Q" e a letra "E" aparecem nesta página. Mas, no contexto da leitura deste livro, o Q não vale mais pontos do que a letra E. Na verdade, nenhuma delas vale nenhum ponto. Somente no contexto altamente especializado de um jogo Scrabble é que atribuímos pontos para as letras do Scrabble. O Scrabble certamente não é um sistema totalmente artificial. Nem desaparece por completo em seu ambiente cultural. De qualquer forma que o enquadramos, o Scrabble sempre mantém seu status artificial em alguma medida. Isso simplesmente faz parte do que o torna um jogo.

Considerações finais

Uma última nota sobre a importância dos fundamentos do design do jogo. Há um impulso generalizado entre aqueles que estudam os jogos de querer saltar o básico, quebrar imediatamente todas as regras, violar o círculo mágico, transformar jogadores em designers e reinventar radicalmente o fenômeno dos jogos. Esse não é um instinto inerentemente mau para os designers de jogos ou os estudiosos de jogos terem. Como os jogos estudados nesse esquema demonstram, ofuscar o círculo mágico para questionar as propriedades fundamentais dos jogos pode levar a novos tipos de experiências de jogo. Entretanto, a inovação radical e o design do jogo significativo só podem ser realizados prestando atenção aos princípios fundamentais do design que se aplicam a todos os jogos. Mesmo quando você disseca ou projeta jogos inovadores que forçam, quebram e transformam as estruturas dos jogos tradicionais, os fundamentos do design de jogos permanecem. Para cada jogo A.I., Seasons of Darkness ou Suspicion, há centenas ou milhares de designs de jogo sem sucesso: jogos de caça ao tesouro on-line ou no mundo real que nunca encontraram um público, LARPs que ratearam na partida e experiências de jogo que simplesmente não eram divertidas.

O esquema ***Jogos como ambientes culturais*** leva-nos à beira do vazio: permite-nos considerar um jogo que mina sua própria existência, criando meios para sua eliminação. É irônico que, talvez, a abstração e a complexidade desse fenômeno tenham sido mais bem decifradas por um retorno aos fundamentos do design de jogos, à linguagem básica do jogo significativo, aos conceitos que constituem as *Regras do Jogo*.

Leitura complementar

The Fantasy Role-Playing Game: A New Performing Art, de Daniel Mackay

Este livro é sobre o RPG como uma arte da performance. De particular interesse para os designers de jogos é a discussão sobre a estética da representação e a criação de narrativas colaborativas de RPG, incluindo a relação de jogadores no jogo com as estruturas sociais e culturais.

Recomendados:

Introdução: The Role-Playing Game: Defined, Described, and Systematized

Da Parte I: A New Category of Popular Entertainments and a New Kind of Sandbox: Playing in Imaginary Entertainment Environments

Da Parte IV: The Theater of Events: Narrative as Aesthetic Object

www.cloudmakers.org

O Cloudmakers.org foi fundado como um grupo de discussão para o jogo Web centrado em torno do filme ***I.A.: Inteligência artificial.*** O site hospeda um repositório de arquivos do jogo, incluindo uma reprodução aproximada do jogo desde 23 de julho de 2001, um dia antes de o jogo ter sido oficialmente "resolvido", bem como ensaios e editoriais escritos por jogadores, links para a cobertura da mídia e um fórum de discussão moderado. É um excelente documento da ação de um jogo da perspectiva de uma comunidade de seus jogadores.

Notas

1. Johann Huizinga, *Homo Ludens: A Study of the Play Element in Culture* (Boston: Beacon Press, 1955), p. 10.
2. Stephen Sniderman, "Unwritten Rules". <www.gamepuzzles.com/tlog/tlog2.htm>.
3. Brian Sutton Smith, *The Ambiguity of Play* (Londres: Harvard University Press, 1997), p. 77.
4. Andrea Phillips, "Deep Water". 26 de julho de 2001. <Cloudmakers.org>.
5. Maria Bonasia, "MetaMystery". 30 de maio de 2001. <Cloudmakers.org>.
6. Daniel Sieberg, "Reality Blurs, Hype Builds with Web 'A.I.' Game". Maio de 2001. <CNN.com>
7. Daragh Sankey, "A.I.Game". <Joystick101.org>

Jogos como ambiente cultural
Resumo

- O esquema ***Jogos como ambiente cultural*** explora os seguintes aspectos dos jogos:
    - O ofuscamento dos espaços dentro e fora do círculo mágico
    - A ambiguidade entre jogadores e não jogadores
    - A sobreposição entre jogo e vida real
- É apenas dentro do círculo mágico que a autoridade das regras formais existe; ao mesmo tempo, as regras implícitas dos jogos não se baseiam no círculo mágico, mas na cultura em geral.
- **Etiqueta**, **etos**, **convenção** e **contexto** estão entre as formas que as regras implícitas podem assumir. Como manifestações da autoridade cultural, as regras ligam a artificialidade dos jogos aos contextos do mundo real que elas habitam.
- A atitude lúdica se aplica não só às regras formais de um jogo, mas também às regras implícitas. Quando um jogador se submete à autoridade de um jogo, ele está aceitando sua autoridade formal, bem como a cultural. Nesse sentido, o círculo mágico de um jogo se estende para abraçar domínios culturais maiores.
- A.I., Seasons of Darkness e Suspicion são jogos que operam explicitamente como ambientes culturais. Em cada caso, o jogo significativo surge porque o design do jogo cuidadoso mantém o círculo mágico de alguma forma.
- Considerado como um ambiente cultural, um jogo lida com o possível apagamento do círculo mágico e, portanto, lida com a possibilidade de sua própria existência. Mas alguma semelhança do círculo mágico sempre permanece.
- A premissa de que os limites do círculo mágico podem ser ofuscados ou apagados levanta a questão de os jogos poderem ser ou não considerados **artificiais**. De uma forma ou outra, os jogos são sempre artificiais e capazes de produzir significados de jogo internos, mesmo quando são enquadrados como cultura; os jogos são artificiais porque são *produtos do design*.

Caribbean Star

Um jogo para 2 jogadores

Visão geral

Bem-vindo a bordo do Caribbean Star, o cruzeiro mais luxuoso da Caribe Cruise Lines. Ele está jovens garotas recém-casadas com velhos com o pé na cova que se aventuraram no Caribe para passear pelo Canal do Panamá, comprar bugigangas nas feiras de artesanato da Jamaica e beber Piña Coladas na fonte. E você foi trazido aqui para entretê-los. Você e seu oponente são mágicos com, mais ou menos, o mesmo perfil. O escritório em Miami da Caribe Line acidentalmente reservou vocês dois para o mesmo navio e, agora, vocês têm exatamente uma semana para provar quem é o melhor mágico.

Regras

Equipamento

Você precisa de um baralho, um bloco de anotações e um lápis.

Como começar

Em primeiro lugar, determine qual jogador será o Vermelho e qual será o Preto. Cada jogador "possui" uma cor de carta. Não há diferença entre as duas cores. Em seguida, embaralhe as cartas e dê cinco cartas para cada jogador. As rodadas serão simultâneas, por isso não há necessidade de determinar quem começa primeiro.

Na vez de cada um

Ambos os jogadores escolhem uma carta da sua mão e coloca-a virada para baixo. Depois de ambas as cartas serem jogadas, vire-as para revelar a ação de cada jogador na rodada. Depois de todas as ações terem sido determinadas, ambos os jogadores tiram uma carta.

Funções das cartas

Cada carta tem uma função única, descrita abaixo. Embora sejam jogadas ao mesmo tempo, as cartas sempre começam da menor para a maior. Os duques (cartas de número 2) são as mais baixas e os reis são as mais altas. (Os ases são jogados de forma diferente, como explicado mais adiante). Se ambas as cartas tiverem a mesma pontuação, então o naipe determina a ordem. Os paus estão em primeiro lugar, seguidos de Ouros, Copas e Espadas (nessa ordem).

Truques mágicos: 10–K

Os Dez e as cartas de figura são Truques Mágicos. Quando você faz um Truque Mágico, isso significa que você está praticando para sua próxima apresentação. Se você jogar com a cor de seu oponente, ele fará o truque mágico. Quando você fizer um Truque Mágico com sua cor, coloque-a em sua pilha de "Prática", que é um conjunto de cartas voltadas para cima sobre a mesa na sua frente, espalhadas para que cada carta da pilha fique visível. Se fizer um Truque Mágico com a cor do seu oponente, você deve colocar a carta na pilha de "Prática" de seu adversário.

Valores do ponto e tempos

Um show perfeito tem 15 minutos de duração. Cartas de figuras adicionam 5 minutos ao seu show. Os valetes valem 2 pontos, as damas valem 4 pontos e os reis valem 6 pontos. As cartas de 10 adicionam 10 minutos ao seu show e valem 10 pontos.

Horários dos Shows: 7:00 e 9:00 da noite

Os setes e os noves são a Hora do Show. Quando jogar uma Hora do Show com sua própria cor, você apresentará seu show, o que significa descartar sua pilha de Prática e convertê-la em pontos. Se você jogar uma Hora do Show com a cor do seu oponente, ele apresentará o show dele. Obviamente, você desejará converter sua própria pilha de Prática quando ela valer o máximo de pontos e converterá a pilha do seu adversário quando ela valer pouco. A pontuação exata da pilha de Prática é descrita mais adiante. Depois da apresentação, todas as cartas da sua pilha de Prática e a carta da Hora do Show vão para a pilha de descarte.

Bufê do Jantar: 8:00 da noite

Os oitos são as cartas do Bufê do Jantar. Quando você joga um Oito com sua cor, pode apresentar (ou seja, descartar) um dos Truques Mágicos em sua pilha de Práticas pela metade do seu valor. Por exemplo, se você usar um Oito para converter um rei, poderá fazer 3 pontos. Você não tem que usar seu Bufê do Jantar. Você pode jogar um Oito e, em seguida, vendo o que seu adversário jogou, decidir ignorar o bufê. Quer você use-o ou não, o Oito é descartado. Se você jogar um Oito do adversário, ele pode converter um dos Truques Mágicos dele ou pode ignorá-lo. Você não pode forçar seu adversário a se apresentar no Bufê do Jantar.

Ensaio: 6:00 da noite

Os seis são as cartas de Ensaio. Você pode "treinar" seu número antes de apresentá-lo e dobrar seu valor final. Quando você joga um Seis com sua cor, você o adiciona à sua pilha de Prática. Se você jogar um Seis com a cor do seu oponente, ele irá para sua pilha de Prática. Se você tiver dois Seis em sua pilha de Prática, seu show valerá quatro vezes!

Cochilo da Tarde: 5:00 da tarde

Os Cincos são as cartas do "Cochilo da Tarde". Quando você jogar um Cinco de qualquer cor, trocará as mãos com seu oponente. Descarte o Cinco depois de trocar as mãos.

Erros: de 2 a 4

Os Dois até os Quatros são Erros. São como pequenos Truques Mágicos, mas valem pontos negativos. Se você jogar um Erro com sua própria cor, ele entrará em sua pilha de Prática. Se você jogar um Erro com a cor do seu oponente, ele irá para a pilha de Prática dele. Os erros nem sempre prejudicam: Se você apresentar um show inteiramente composto de Erros, ele será chamado de "Número de Comédia" e não valerá nada — o que é melhor do que pontos negativos!

Como pontuar seus shows

Agora que já descrevemos todos os conteúdos possíveis de uma pilha de Prática (Truques Mágicos, Ensaios e Erros), eis como pontuar o show.

> Primeiro, avalie as Mágicas durante o show. O show perfeito tem 15 minutos de duração. Cartas de figuras adicionam 5 minutos e os Dez adicionam 10 minutos. Se seu show tiver uma duração perfeita, você terá o valor máximo da sua pontuação para to-

dos seus Truques Mágicos. Se ultrapassar ou encurtar em cinco minutos, você deverá cortar o valor de seu maior Truque (ou um de seus maiores Truques, se tiver dois Truques grandes com o mesmo tamanho) pela metade. Se você encurtar ou ultrapassar em 10 minutos, deverá cortar todos os seus Truques pela metade. Se você continuar por 30 minutos ou mais, não terá pontos em todos seus Truques Mágicos. Mas, se você continuar por 0 minuto (você não tem nenhum Truque Mágico), estará apresentando um Show de Comédia, que é pontuado de forma diferente.

Em segundo lugar, subtraia os valores de seus Erros. Os Dois valem −2, os Três valem −3 e os Quatros valem −4. Os Erros não aumentam o tempo de seu número e você sempre tem o valor máximo para essas cartas, a menos que esteja fazendo um Show de Comédia. Os Erros podem resultar facilmente em um valor negativo para seu show.

Por último, aplique as cartas de Ensaio. Se você tem um Seis em sua pilha de Prática, dobre o valor. Se você tem dois Seis, dobre-o duas vezes.

Show de Comédia

Se seu número não tiver Truques Mágicos, ele sempre valerá exatamente 0 ponto. Isso ocorre independentemente do número de Erros e Ensaios em sua pilha.

> *Um Exemplo de Pontuação de um Show*
>
> *Uma Pilha de Prática tem as seguintes cartas:* Rei, Rei, Dez, Seis, Quatro, Três, Dois. O Show é 5 minutos longo demais (5 + 5 + 10 = 20), portanto, o maior Truque Mágico, o Dez, valerá apenas metade do valor. O valor básico do show é, portanto, 6 + 6 + 5 ou 17 pontos. Os Erros valem 4 + 3 + 2 ou 9. Eles são deduzidos de 17, deixando 8 pontos. Por fim, o show é dobrado, produzindo um valor final de 16 pontos.

Cartas de Parada, os Ases

Os Ases não são jogados como as outras cartas. Eles não têm cores específicas e sempre funcionam para o jogador que os usa. Você pode jogar um Ás da sua mão para cancelar o efeito de qualquer carta imediatamente antes de ela ser determinada. Em outras palavras, uma vez que as cartas são reveladas e logo antes de executar uma carta especial, qualquer um dos dois jogadores pode usar um Ás para cancelar a carta. Quando joga o Ás, você pega a carta cancelada e a coloca em sua mão. Você também descarta o Ás. Você não pode usar um Ás para cancelar outro.

> *Um exemplo de jogar um Ás*
>
> O Vermelho jogou um Cinco Vermelho e o Preto jogou um Dez Vermelho. O Preto tem um Ás. Antes de o Cinco trocar as mãos de ambos os jogadores, o Preto tem a oportunidade de jogar seu Ás, mas ele escolhe não fazer isso. O Cinco é descartado e os jogadores trocam as mãos. Agora, o Vermelho tem o Ás e pode jogá-lo para cancelar o Dez Vermelho. Ele descarta o Ás e coloca o Dez Vermelho em sua mão. (O Vermelho cancelou o Dez porque teria tornado seu show longo demais. Ele planeja usar o Dez em seu próximo ato.)

Terminando a rodada

No final da rodada, cada jogador tira uma carta. Assim que não existirem mais cartas para tirar, os jogadores ainda continuam a jogar as cartas até que suas mãos fiquem vazias ou até que um jogador não possa mais jogar cartas porque não possui nada, exceto Ases.

Terminando o jogo

O jogo termina quando as mãos de ambos os jogadores estão vazias ou quando um jogador não tem nada, exceto Ases. Neste ponto, cada jogador tem um "Show de Despedida", no qual ele pontua as cartas restantes em sua pilha de Prática. O Show de Despedida não é opcional: você poderá perder muitos pontos nesse show se não for cuidadoso. Após o show de despedida, o jogador com mais pontos ganha.

Marcando pontos em um show

1. Some os minutos no Show e conte os pontos dos seus Truques Mágicos:
   - Se o show tem 15 minutos de duração, Truques de Mágica pontuam no seu valor máximo.
   - Se o show for mais longo ou mais curto em 5 minutos, o valor do maior Truque Mágico é cortado pela metade.
   - Se o show for mais longo ou mais curto em 10 minutos, o valor de todos os truques é cortado pela metade.
   - Se o show for por 30 minutos ou mais longo, você não obterá pontos de nenhum dos seus Truques Mágicos.
2. Some todos os Erros e os subtraia do total de Truques Mágicos.
3. Dobre seus pontos para cada Ensaio na pilha. Se você não tiver Truques Mágicos em seu show, ele é um Ato de Comédia e vale zero pontos.

Truques Mágicos

Carta	**Minutos**	**Pontos**
Rei	5	6
Rainha	5	4
Valete	5	2
Dez	10	10

Erros

Carta	**Pontos**
Dois	–2
Três	–3
Quatro	–4

Outras cartas

Carta	**Função**
Cinco	Cochilo da Tarde: troca a mão com o outro jogador
Seis	Ensaio: dobra valor de um Show
Sete & Nove	Horas do show: pontue e descarte sua pilha de Prática
Oito	Bufê do Jantar: descarte um Truque Mágico da sua pilha de prática por metade de seu valor (opcional)

Caribbean Star

Fase 1: Restrições gerais

Normalmente, quando crio um novo jogo, todas as notas, variações e tentativas falhas acabam no lixo. Esse artigo narra o desenvolvimento de um novo jogo de cartas, incluindo todas as decisões e os impasses envolvidos.

18 de junho de 2001

Minha esposa e eu estamos viajando para o Alasca a bordo do Norwegian Sky, em nosso primeiro dia inteiro no mar. Umas férias parecem um bom ambiente para a criação desse novo jogo. Considerando que o único testador de jogabilidade disponível é minha esposa Carol, acho que escreverei um jogo para dois jogadores.

Não tenho meios de criar componentes personalizados, mesmo cartas personalizadas (que eu costumo usar para inventar novos jogos), então irei escrever esse jogo com o "essencial". Esses materiais incluem: dois baralhos de cartas, vários dados com 6 lados, incluindo dez dados de cada uma das duas cores, e um dado de cada tipo, isto é, de 4, 8, 10, 12 e 20 lados. Também arrume quatro Peões, uma ficha de pôquer, papel em branco, canetas e lápis. Certamente, esse é material suficiente para desenvolver um jogo novo para dois jogadores.

Enquanto alguns designers de jogos preferem criar uma mecânica de jogo primeiro e depois adaptar a mecânica a um tema apropriado, eu prefiro começar com um tema sempre que possível. Isso me dá ideias mais criativas ao tentar inventar a mecânica do jogo e contribui para um jogo cuja mecânica parece melhor se adequar ao tema. É fácil ver quando uma trama foi adicionada depois de o jogo ser projetado, especialmente quando uma ação que parece razoável na trama não é permitida no jogo. Quando eu invento um jogo para vender, devo considerar a possibilidade de comercialização do tema, mas não estou tão limitado aqui porque este será um jogo gratuito. Neste caso, posso propor uma premissa muito básica e seguir em frente, em vez de sofrer muito com a história.

Tenho uma extensa lista de "boas ideias" que reuni durante muitos anos. Costumo verificar essa lista ao escolher um novo projeto de design de jogo para a Cheapass Games. A ideia de um bom jogo não deve ser apenas o entretenimento, também deve fornecer a base de um bom sistema. Algumas boas piadas criam jogos terríveis.

Eis um pequeno brainstorm de possíveis temas para meu jogo, inspirado por minhas férias:

- Mensageiros esperando gorjetas.
- Diretores de programação artística de cruzeiros agendando eventos artísticos para seus navios.
- Passageiros comprando bilhetes de rifa.
- Agentes de viagem agendando viagens.

Vamos analisar as possibilidades de jogo de cada um desses enredos. Você notará que, em cada história, nomeio um tipo de personagem (os jogadores) e algum tipo de atividade competitiva (o jogo).

Mensageiros esperando gorjetas

Quem são os jogadores no jogo do Mensageiro e qual é seu objetivo? Eles são os mensageiros competindo entre si pela melhor gorjeta? Eles são os hóspedes do hotel tentando dar o mínimo possível de gorjeta enquanto ainda pegam suas malas? Ou, se for um jogo para dois jogadores, poderemos criar um jogo desequilibrado no qual um jogador é o Mensageiro, o outro é o Hóspede e cada um tem seu próprio objetivo?

Essas não são as únicas opções. Em um jogo envolvendo mensageiros e malas, não há nada que diga que os jogadores não podem ser as malas. Talvez as Malas tenham um objetivo do jogo que seja quase completamente alheio aos objetivos dos Mensageiros e dos Clientes. Por exemplo, talvez elas obtenham satisfação por serem movimentadas. Ou por se manterem empacotadas o máximo de tempo possível. Ou mesmo por ficar no escuro. Talvez os jogadores gerenciem o hotel. Talvez eles gerenciem redes de hotéis. Isso poderia continuar para sempre. Mas vamos passar para nosso próximo cenário.

Diretores de programação artística de cruzeiros agendando eventos artísticos para seus navios

Quem são os jogadores neste jogo? Seriam os diretores de programação artística de cruzeiros que trabalham em diversos navios? Seriam múltiplos eventos artísticos agendados em um único navio? Estão tentando conseguir um emprego ou manter o emprego que têm?

Se quiséssemos usar o cenário Diretor de Programação Artística de Cruzeiros, mas pensar de maneira mais ampla, aonde poderíamos ir? Os jogadores poderiam ser passageiros tentando obter o máximo de entretenimento no cruzeiro de uma semana; poderiam ser agentes de talento em terra tentando ganhar o máximo de dinheiro agendando os melhores eventos artísticos nos cruzeiros mais longos. Podem ser piadas tentando se propagar por meio dos shows dos comediantes do Cruzeiro, cujos números na realidade são basicamente os mesmos.

Passageiros comprando bilhetes de rifa.

Em nosso cruzeiro, uma série de atividades oferece um bilhete de rifa. Os jogadores neste cenário provavelmente seriam os passageiros e haveria um jogo inteiro de coleta das rifas seguido de um sorteio no final. No entanto, essa não é a única maneira de apresentar a história. Os jogadores podem representar a equipe do cruzeiro, cujo trabalho é vender a rifa. A história poderia girar em torno de gerenciar a rifa ou roubar os bilhetes dos outros jogadores. Ou poderia haver várias rifas e isso poderia ser um jogo sobre a negociação de bilhetes em uma rifa para obter bilhetes em outra.

Agentes de viagem agendando cruzeiros

Neste jogo, os jogadores provavelmente tentariam ganhar o máximo de dinheiro agendando as melhores viagens a preços mais competitivos. Se você cobrar mais dinheiro por uma viagem, ganhará mais quando vender, mas poderá não vender muitas. Se você fosse um agente de viagem nesse jogo, poderia tentar ganhar mais dinheiro no final do jogo. Ou tentar tornar a maior parte das pessoas felizes, com o dinheiro sendo menos importante. Ou poderia tentar reservar mais viagens para um destino específico para ganhar uma viagem para si mesmo e assim por diante.

Jogos de corrida *versus* jogos de luta

A maioria dos jogos pode ser classificada em duas categorias, com base em seu sistema de pontuação: jogos de corrida e jogos de luta. A distinção faz mais sentido com jogos com diversos jogadores porque, em um jogo com dois jogadores, os dois tipos são essencialmente intercambiáveis. Em um jogo de corrida, os jogadores estão tentando obter o maior número de pontos e não podem interferir diretamente nos outros jogadores. Scrabble é um bom exemplo de um jogo de corrida. Todo mundo ganha pontos, e o objetivo é ter a maior pontuação no final. O golfe é esse tipo de jogo também. Mesmo que o objetivo seja ter a mínima pontuação, os jogadores ainda estão pontuando sem nenhuma influência sobre a pontuação dos outros.

Nos jogos de luta, o objetivo é tirar os pontos do outro jogador ou causar nele o maior dano possível. O xadrez é um jogo de luta, com ambos os jogadores forçando a captura das peças de seu adversário, especialmente o rei. Copas também é um jogo de luta, embora a pontuação seja invertida. Em Copas, os pontos são ruins para você e, quando um jogador consegue 100 pontos, o jogador com o menor número de pontos ganha. É funcionalmente equivalente a iniciar todos com 100 pontos e diminuir a pontuação até que alguém chegue a zero. A diferença entre Copas e Golfe é que, em Copas, suas ações afetam as pontuações dos seus adversários.

A diferença fundamental entre os jogos de corrida e luta é que os jogos de luta criam ótimos jogos para dois jogadores, mas nem sempre são bons para mais de dois. Quando você pode decidir quem bater, o jogo torna-se político e muitas vezes o movimento mais estratégico é prejudicar o jogador que está mais próximo de ser eliminado. Esse jogador pode ser expulso do início do jogo e terá que ficar fora o resto do jogo.

As duas últimas situações, os jogos Bilhete de Rifa e Agente de Viagens, parecem jogos de corridas. E assim também parecem algumas versões do primeiro cenário, o jogo Mensageiro. Podem ser bons jogos para múltiplos jogadores. Mas, como estou interessado em escrever um jogo para dois jogadores, estou inclinado a ver primeiro o jogo que me permite prejudicar meu oponente. Isso parece um bom argumento para o Cenário 2, os Diretores de Programação e Eventos Artísticos. Vejamos novamente a história dos eventos artísticos tentando não ser eliminados da agenda dos cruzeiros.

Primeiro esboço das regras

Quando tenho uma ideia aproximada do jogo, geralmente começo a escrever as regras. Isso me ajuda a descobrir alguns dos aspectos mais banais do jogo, tais como a mecânica da distribuição das cartas, o movimento das peças, a sequência das rodadas etc. Se eu não tiver decidido a mecânica do jogo nesse ponto, o exercício de escrever as regras tende a me forçar em uma direção. É sempre possível mudar mais tarde, mas preciso de algo para mudar. Aqui está o primeiro esboço das regras para nosso novo jogo de cartas, com notas em itálico explicando o que está passando na minha cabeça.

Caribbean Star

Um jogo de cartas para dois jogadores

Quase todas as linhas de cruzeiro têm "Star", tais como Star Princess e Regent Star, que são navios nos quais trabalhei. Antes de me tornar um editor de jogos, fui um ilusionista profissional por cerca de sete anos, então tenho um pouco de experiência com esse assunto. Eu gosto da ideia de chamar o jogo de "Caribbean Star", pois tem um duplo sentido, com "Star" referindo-se aos artistas.

Para a nossa história, imagino um cruzeiro no qual o oficial contratou acidentalmente eventos artísticos demais. O Jogador Um é o ventríloquo, O Jogador Dois é o mágico. Um desses dois eventos artísticos é supérfluo e terá de ser dispensado no final da semana. Dependerá de como cada jogador faz seu número e de suas tarefas a bordo. E, claro, atrasar a vida do seu adversário será a chave para vencer.

> *Atualmente, estou pensando nisso como um jogo de cartas, jogado com um baralho padrão. As cartas do Mágico são as pretas, as cartas do Ventríloquo são as vermelhas. Depois de uma passagem no baralho, o jogador que teve melhores desempenhos enquanto destruía a credibilidade de seu oponente vence e continua seu trabalho no Caribbean Star.*

Equipamento: Você precisa de um baralho de cartas.

História: Bem-vindo a bordo do Caribbean Star, o cruzeiro mais luxuoso da Caribe Cruise Lines. Está repleto de jovens garotas recém-casadas com velhos com o pé na cova que se aventuraram no Caribe para ver o Canal do Panamá e beber Piña Coladas na fonte. E você está aqui para entretê-los.

Você e seu oponente são artistas a bordo do Caribbean Star, dois números artísticos para o trabalho de um. A linha acidentalmente reservou um Mágico e um Ventríloquo no mesmo barco e...

Nesse ponto, já estou pensando que será mais engraçado se houver apenas dois mágicos, em vez de um mágico e um ventríloquo. Escrevendo a introdução do zero assim, sempre me dá uma boa percepção da piada principal do jogo.

A linha Caribe acidentalmente reservou dois mágicos no mesmo navio e você tem exatamente uma semana para provar que é melhor que o outro cara. Ambos têm os mesmos truques, de modo que cabe à sua habilidade e astúcia fazer com que seu oponente saia do barco antes que ele faça o mesmo com você. Boa viagem!

A ideia de que você tem apenas uma semana amarra meu plano com a ideia de fazer o jogo terminar após uma passagem pelo baralho. A incorporação de um limite de tempo e um sentimento de urgência nessa disputa deve torná-la mais divertida. Nesse ponto da primeira passagem das regras, eu realmente não tenho outra mecânica em mente, exceto a ideia de que um jogador "possuirá" as cartas vermelhas, enquanto o outro jogador terá as pretas.

Dividir a posse das cartas faz com que as mesmas cartas façam coisas diferentes para cada jogador, que por sua vez leva a uma maior variedade nos jogos. Como é um jogo para dois jogadores, é fácil dividir o baralho de forma justa. Quando vejo uma chance como essa, eu a agarro!

Como começar: Embaralhe as cartas e determine aleatoriamente qual jogador será o Mágico Vermelho e qual jogador será o Preto. Depois de embaralhar, distribua uma mão de cinco cartas para cada jogador. Determine aleatoriamente quem começará.

Depois de escrever "determinar aleatoriamente quem começará", estou começando a pensar nas funções das cartas e também imaginando se posso tornar esse jogo um jogo simultâneo, em vez de baseado em turnos, ou vez de jogar. Um jogo tão simples às vezes pode ser muito melhor para o jogador que começa primeiro, ou em segundo, dependendo da mecânica. O jogo simultâneo resolve esse problema, mas apresenta alguns outros. Vamos experimentar o jogo simultâneo.

Depois de embaralhar, distribua uma mão de cinco cartas para cada jogador. As vezes de jogar serão simultâneas.

Na vez de cada um: Os jogadores escolhem uma carta de sua mão e a coloca para baixo sobre a mesa virada. Essa carta determinará sua ação para a rodada.

Funções das cartas: Cada carta tem uma função única, como descrito abaixo. Ambos os jogadores têm os mesmos truques, mas a ordem em que você as joga pode fazer uma grande diferença. Além disso, cada jogador "possui" metade do baralho. Jogar suas próprias cartas tem um efeito diferente de jogar as mesmas cartas de seu oponente.

Esta seção não é muito clara, mas existe principalmente para me ajudar a lembrar o que estou pensando. Provavelmente, será cortada ou retirada nas regras finais.

Precedência das cartas: Embora sejam jogadas ao mesmo tempo, as cartas têm sempre efeito na ordem da menor para a maior. Os Ases são baixos e os Reis são altos. Além disso, a ordem dos naipes do menor para o maior é: Paus, Ouros, Copas, Espadas (nesta ordem).

Você pode dizer que eu ainda não imaginei o que os Ases fazem; no esboço final, os Ases não contam na ordem do jogo. O objetivo geral de dar a cada carta uma prioridade existe para que a resolução do jogo simultâneo sempre seja fácil. Também me permite ajustar as funções de cada carta com base na ordem em que ela cai na série.

Cartas de figura: As cartas de figura são cartas de "ensaio". Quando você joga uma carta de figura, está praticando truques para sua próxima apresentação. Cada jogador terá um máximo de quatro apresentações durante o jogo, e o valor dos pontos das apresentações determina sua pontuação.

Quando joga uma carta de figura, você a coloca em sua pilha de Prática, um conjunto de cartas com imagens viradas para cima que denotam sua série para o próximo show. Um conjunto perfeito tem 30 minutos, o que significa três cartas. Se marcou com o valor máximo, um valete vale 2 pontos, uma dama vale 4 e um rei vale 6 pontos.

Escolhi os valores 2, 4 e 6 porque estou planejando criar regras que às vezes cortam esses valores pela metade. Isso significa que, para simplificar, quero que sejam números pares. Nesse momento, estou trabalhando com a ideia de que um show perfeito tem três cartas e que durar mais ou menos que isso irá penalizá-lo.

Se você jogar uma carta de ensaio que não é a sua cor, vai colocá-la na pilha de Prática do seu oponente, em vez da sua.

Eis o motivo de a duração do show perfeito ser uma mecânica crítica: Se você jogar uma carta de Ensaio para seu oponente, será capaz de prolongar o show dele para além da duração perfeita. Então, se ele fez um show de três cartas, mas não conseguiu convertê-lo em pontos até você torná-lo maior, ele sofrerá uma penalidade. Isso torna as mesmas cartas melhores ou piores em diferentes pontos no jogo, que é uma ótima maneira de conseguir um jogo complexo a partir de um simples conjunto de cartas.

Dez: Os dez são Grandes Truques. Eles contam como duas cartas ao medir a duração de um show e valem 10 pontos quando marcados com seu valor máximo.

Nove e Sete são a Hora do Show: Se você jogar uma Hora do Show, deve descartar sua Pilha de Prática e convertê-la em pontos. A conversão da Pilha de Prática funciona da seguinte forma:

Agora, estou formalizando as penalidades da duração do show sobre as quais pensei quando escrevi as cartas de Ensaio.

Se você tem três cartas (os Dez contam como duas), você obtém o valor máximo para seu show inteiro. Se sua apresentação for maior ou menor, você perderá pontos. Se você tiver duas ou quatro cartas, marca a metade dos pontos da sua maior carta. Se tiver uma ou cinco cartas, marca a metade dos pontos do seu show inteiro. Se não tem cartas ou mais que cinco, não faz pontos ao jogar uma Hora do Show.

Se você jogar uma Hora do Show para seu oponente, ele deve apresentar seu número imediatamente. Isso ocorre mesmo se ele tiver acabado de se apresentar e mesmo que não tenha nenhuma carta em sua Pilha de Prática.

Oito: Bufê do Jantar. Você pode fazer um show adicional em um bufê do jantar. Quando você joga um Oito, pode apresentar (descartar), uma das cartas em sua pilha de Prática pela metade do valor. Mas você não é obrigado. Você pode jogar um Oito e, em seguida, vendo o que seu adversário jogou, decidir pular o bufê. Se você jogar um Oito do adversário, ele poderá converter uma de suas cartas de Prática ou poderá não fazer nada.

> *Os Oitos são adicionados para dar a você a oportunidade de ajustar seu show, se ele tiver uma longa duração.*

Seis: Ensaio. Você pode "ensaiar" seu número antes da apresentação e dobrar seu valor. Quando você jogar um Seis, adicione-o à sua pilha de Prática. Você fará pontos duplos na próxima vez que jogar uma Hora do Show. Se você tiver dois Seis em sua Pilha de Prática, o show valerá quatro pontos.

Este é um problema de vocabulário: Estou usando sem querer a palavra "ensaio" para descrever as Cartas com Figuras, os Dez e os Seis. Isto será corrigido na versão final.

Cinco: Cochilo da Tarde: Quando você joga um Cinco, deve descartar sua mão e tirar quatro cartas novas. Se você jogar o Cinco de seu oponente, ele deverá fazer o mesmo.

> *Os Cincos serão as cartas de sabotagem. Eu quero que as pessoas possam descartar suas mãos para limpar as cartas que são especialmente ruins para elas. O aspecto de destruir a mão de seu oponente acaba sendo desequilibrado e mais tarde irei revisar a função dos Cincos.*

Quatro a Dois: Essas cartas são erros. São como as cartas de prática, mas valem pontos negativos, de 4 a 2, respectivamente. Se você jogar um erro da sua própria cor, essa carta entrará em sua Pilha de Prática. Se você jogar uma carta com a cor do seu oponente, ela irá para ele. Os pontos negativos são dobrados por Seis, mas não são reduzidos pela metade por estender ou reduzir a duração do show. Não contam como cartas na duração do seu número e você não pode apresentá-los para se livrar deles em um bufê do jantar.

> *A ordem exata da resolução dos pontos, pontos negativos e duplicadores precisa de algum trabalho aqui. Mas este é um primeiro passo. Fica evidente ao jogar esse jogo que essa matemática, embora seja crítica para o jogo, precisa ser apresentada da maneira mais simples possível. Em geral, quando o cálculo fica muito difícil em um jogo, ele não diminui apenas a velocidade de execução do jogo. Também torna a previsão ou o jogo estratégico muito mais difícil. Assim, uma boa matemática precisa ser óbvia e transparente. A penalidade da duração do show é muito importante aqui, então não irei deixá-la. Mas tentarei, como disse, torná-la fácil de entender.*

Ases (Cartas de Cancelamento): Os Ases não são jogados virados baixo como as outras cartas. Não são específicos da cor e nem sempre pertencem ao jogador que os joga. Você pode jogar um Ás de sua mão para cancelar o efeito de qualquer outra carta imediatamente antes de ela ser jogada. Quando você joga um Ás, tira uma carta para substituí-lo.

No final da sua vez, retire uma carta ou quantas forem necessárias para ter uma mão com até cinco. Quando não houver mais cartas para tirar, o cruzeiro acabou e o jogador com mais pontos ganha.

Veja, este é apenas um esboço das regras. Agora, vou escrever um roteiro e jogar o jogo.

Notas do teste de jogabilidade

Fui muito feliz de ter Carol por perto enquanto trabalhava nesse esboço das regras, de modo que jogamos imediatamente algumas rodadas e determinamos o seguinte:

Funções das cartas: Em geral, as cartas funcionam bem e são fáceis de lembrar. Como muitas das funções das cartas são vagamente baseadas nas horas do dia e outras são agrupadas bem logicamente, todo o conjunto parece fazer sentido. Uma pessoa deve ser facilmente capaz de jogar esse jogo sem um roteiro.

Pontuação: A ordem em que as funções de pontuação são realizadas não é muito clara na primeira passagem, por isso decidimos definir mais exatamente como você pontua um show:

> *Primeiro, você conta as Cartas de Figuras e os Dez. Se você pensar em um show perfeito como 30 minutos, então os valetes até os reis valem 10 minutos cada e os Dez valem 20 minutos. Com base na duração do show, você aplica a sua penalidade de pontuação (se houver), reduzindo pela metade as devidas cartas. Em seguida, some as cartas negativas pelo seu valor máximo. Por último, aplique os duplicadores. Portanto, se um show tiver um valete, rei e Dez, assim como um Quatro e um Seis, então ele será mais longo em 10 minutos, o que significa cortar o Dez. A soma das cartas é 13, menos 4 é 9, vezes dois é 18. Não deixe que isso o confunda se você leu o esboço final:* Posteriormente, cortei todas as Horas do Show pela metade para fazer os Dez durarem 10 minutos.

Registro da pontuação: É possível registrar sua pontuação pela maneira como você empilha seus truques, mas provavelmente é muito mais claro usar um bloco de anotações e anotar cada show ao terminá-lo. Também tornará mais evidente saber quem está ganhando, característica do jogo da qual sou um grande fã.

Fim do jogo: É um pouco insatisfatório terminar com cartas na mão, então quero que os jogadores terminem suas mãos. Não tenho certeza do que fazer no caso de um jogador ter mais cartas, como, por exemplo, quando exatamente um Ás resta no jogo. Esse problema será resolvido mais tarde.

Cartas de sabotagem: Os Cincos foram alterados para trocar as mãos dos jogadores, sem descartá-las. Se você jogar um Cinco, os jogadores trocarão as mãos. A razão para isso é que, de outro modo, o baralho termina muito rápido. Não gosto de poder evitar jogar as cartas muito ruins descartando-as. Mas, acima de tudo, não gosto do efeito de poupar uma mão realmente boa e acabar vendo-a ser destruída por um Cinco.

O Show de Comédia: Decidimos adicionar uma regra completamente nova, baseada na frustração abjeta de ser batido com um grande show cheio de erros. Essa regra é chamada de Show de Comédia. Se sua pilha de Prática não contiver nada, exceto erros, você pode limpá-la com um Hora do Show com 0 ponto. Essa é uma ótima maneira de se livrar de um monte de erros.

As regras do tempo são muito úteis neste caso. Se tiver um Show de Comédia e jogar uma Hora do Show, você pode ter certeza de que seu oponente não poderá adicionar um truque a ele. Isso ocorre porque as Horas do Show acontecem antes dos truques. O melhor que seu adversário pode fazer é jogar um Ás para frustrar sua Hora do Show, mas isso é significativamente mais caro para ele.

Em suma, esse jogo funcionou muito bem com alguns ajustes. Definitivamente, é bom o suficiente para prosseguir porque foi divertido de jogar e ficamos querendo jogar novamente. Agora, vamos jogar mais algumas vezes com essas revisões e ver se mais alguns aprimoramentos são necessários.

Revisões finais: Sexta-feira, 22 de junho de 2001

Jogamos mais desse jogo e descobrimos que a atitude agressiva é crítica. Gosto desse aspecto. Como cada carta será jogada mais cedo ou mais tarde, decidir quando jogar as cartas é o segredo. Fizemos mais uma mudança. Como os Ases estragaram o padrão de retirada das cartas fazendo um jogador descartar mais de uma carta na mesma rodada, decidimos que, em vez de descartar a carta que eles cancelaram, os Ases enterram essa carta em sua mão. Isso significa que sempre haverá o mesmo número de rodadas no jogo e que todas as cartas finalmente serão jogadas.

Uma mudança que estou considerando depois de alguns finais medíocres é a introdução de uma regra do "show de despedida". Tudo que fica em sua pilha de Prática no final do jogo é pontuado como um show normal. Isso significa que cada carta do show finalmente é pontuada também.

Após três dias de teste e revisão, e uma segunda edição das regras algumas semanas depois, cheguei à versão final do jogo. Você notará que mudei algumas terminologias e números para tornar o jogo mais fácil de explicar. Mais obviamente, fiz o show perfeito com 15 minutos de duração para que os Dez possam ter 10 minutos. Isso foge muito da vida real (Um mágico na realidade teria de 45 a 60 minutos, mas esse grau de verossimilhança não é realmente necessário neste jogo simples). Também finalmente notei que estava usando o "ensaio" para indicar duas coisas diferentes, então mudei o termo cartas de ponto para "Truques Mágicos".

O Caribbean Star foi concebido por James Ernest, testado por Carol Monahan. Se você gostou do Caribbean Star, James convida você a experimentar outros jogos online gratuitos em www.cheap-ass.com.

James Ernest

James Ernest é presidente e principal designer da Cheapass Games, uma pequena mas prolífica empresa de jogos em Seattle, Washington. Seus títulos premiados incluem Kill Doutor Lucky, Give Me the Brain, BRAWL e Button Men. Ernest é conhecido por seu humor peculiar e sua mecânica de jogo inovadora, e ele escreve cerca de 30 novos jogos por ano.

CONCLUSÃO

Uma vez que você sabe aonde pode ir e aonde vale a pena ir, chegar lá não é nenhum problema. Apenas interesse e paciência.

— **David Sudnow**, *Pilgrim in the Microworld*

Interesse e paciência. Eis o que foi preciso para concluir este livro.

Certamente, uma grande parte do nosso processo foi aprender a ver: ver de onde estávamos vindo, para onde estávamos indo e como avançar. Como um quebra-cabeça diabolicamente complicado, cada passo resolvia outra parte do padrão, enquanto abria novas perspectivas para a navegação. Achamos que tudo se articulava em torno de ver as articulações, e os padrões no padrão. Quando aprendemos a vê-los, percebemos que estavam ali o tempo todo, esperando pacientemente serem descobertos.

Tendo construído o sistema, jogado e saído do outro lado, encontramo-nos transformados. Passamos muitos meses (até anos) dentro do sistema, jogando com ele, resistindo a ele e, às vezes, quebrando-o. Foi fácil esquecer que também estávamos sendo jogados, sofrendo resistência e, às vezes, sendo quebrados. (Mas isso não é tão ruim quanto parece.) E, para ser honesto, a transformação nos pegou de surpresa. Embora este livro tenha se desenvolvido com base nas nossas experiências ensinando o design de jogos, projetando jogos e — especialmente — jogando-os, foi apenas quando começamos a escrever que o nosso esforço encontrou uma alma. Essa alma está repleta da alegria da interação lúdica: repleta de crianças duelando no jogo Magic em uma varanda do Brooklyn, um corredor solitário transpirando em uma trilha rural, duas avós disputando Tranca valendo dinheiro, uma festa numa rede local depois das quatro da manhã jogando Quake. A alma é colorida pela paixão dos designers de jogos que passam horas incontáveis ajustando um jogo para criar a interação lúdica por meio da alquimia das regras, pelos designers de nível que inventam fabulosos novos mundos de possibilidades para nós habitarmos, pelos programadores que constroem mecanismos de jogo tão elegantes que até o código parece agradecido. É essa alma da interação lúdica que nós mesmos descobrimos.

O que descobrimos não é nenhum segredo, pois está escrito em quase todas as páginas. Os designers de jogos criam a interação lúdica significativa. A interação lúdica verdadeiramente significativa. O tipo sobre o qual os jogadores falam anos após a partida ter terminado, o tipo que reúne fãs leais e acorda-nos no meio da noite querendo jogar novamente, o tipo de interação lúdica que nos ensina o que *significa* jogar. E, talvez, o mais profundo significado de interação lúdica seja sua capacidade de transformar. A interação lúdica transformadora é um momento de transcendência, no qual as estruturas que tomamos como certas de repente se materializam como jogadores. A gramática conta uma piada. O chão do salão se levanta para dançar. A Regra rígida fica flexível e ágil, e salta para os braços do Jogo. A interação lúdica transformadora pode metamorfosear os jogadores de um jogo, a cultura da qual o jogo é uma parte, e até o próprio jogo. Como autores deste livro, também fomos tomados pela interação lúdica transformadora, mudados pelas articulações e pelos padrões revelados. Esperamos que você também tenha sido transformado por sua experiência com essas páginas, por um corpo antigo e sublime de conhecimento, pela novidade das questões levantadas, pela bela natureza do jogo.

O que realmente nos traz de volta à atenção e os nervos? O que será preciso para mudar a face do design de jogos? Em que momento o sistema será transformado pela interação dos designers que trabalham dentro dele? Você se importa o suficiente para correr o risco? Você realmente se interessa? Este é um momento importante, pois o campo está pronto para a mudança e o resultado é incerto. Sinceramente, não sei qual tipo de mudança uma transformação pode trazer. Mas, ainda assim, somos ativistas que querem uma transformação radical no design de jogos.

Sabemos o que constitui um jogo; sabemos como funcionam, por que importam e o tipo de experiência que eles são capazes de produzir. Mas mal testamos os limites do potencial que eles têm para se transformar. Deixamos como desafio para você testar os limites, encontrar sua própria alma de designer de jogos e reunir toda a atenção e nervos que você tem para transformar e descobrir o que significa jogar.

Finalmente: somos especialmente gratos aos professores e alunos pelos quais tivemos o prazer e a honra de ser desafiados ao longo da nossa própria evolução como estudantes de jogos. E de um autor para o outro, *game over*. O jogo acabou, finalmente!

Obrigado pelo bom jogo.

Vamos jogar de novo?

Apêndice

leituras e recursos adicionais

bibliografia

lista dos jogos citados

LEITURAS E RECURSOS ADICIONAIS

Embora as leituras sugeridas acompanhem a maioria dos capítulos dos quatro volumes desta obra, aqui listamos uma série de referências mais gerais que não se encaixam perfeitamente em nenhum capítulo específico. Essas leituras e recursos adicionais variam desde sites Web acadêmicos até histórias visuais dos jogos digitais. Obviamente, há inúmeros sites e livros que tivemos de excluir dessa pequena lista, mas esperamos que essas fontes e as outras que listamos neste livro possam ser pontos de partida para suas próprias investigações de pesquisa.

Computer Game Graphics, de Liz Faber & State Design

Originalmente publicado sob o título *Re:Play* no Reino Unido, o *Computer Game Graphics* apresenta a cultura visual e a arte dos jogos de computador. O forte design visual do livro presta-se bem para o assunto, com muitos dos desenvolvimentos funcionando como ensaios em forma de imagem. A escrita tem um papel secundário para a apresentação dos gráficos e o valor principal do livro está em sua documentação do design visual dos jogos.

Digital Games Research Association (DiGRA)

No momento da publicação deste livro, esta jovem organização acadêmica ainda estava começando. Mas a DiGRA promete ser a primeira associação profissional dedicada ao estudo interdisciplinar dos jogos digitais. Seus membros variam desde os historiadores do jogo e os teóricos da mídia até os educadores do design e os desenvolvedores de jogos. O site Web da associação pode ser encontrado em: <www.digra.org>.

Electronic Plastic, de Jaro Gielens, Büro Destruct, Uwe Schütte

Electronic Plastic é uma análise visual de mais de 400 jogos de computador da "antiga escola", incluindo dispositivos portáteis e jogos de mesa arcade. O livro oferece uma excelente visão do design visual dos jogos das décadas de 1970 e 1980, incluindo retrotipografia, design de marca e embalagem do período, e caixas de plástico coloridas.

The 400 Rules Project (Projeto com 400 Regras)

Localizado em <http://www.theinspiracy.com/400_project.htm>, The 400 Rules Project é um projeto de design de jogos colaborativos liderado pelos veteranos designers de jogos de computador Noah Falstein e Hal Barwood. Inspirado por uma palestra de Barwood dada na Game Developers Conference em 2001, Falstein continuou o projeto por meio de uma coluna na *Game Developer Magazine*. A premissa do 400 Rules Project é que há um número limitado de "regras" ou diretrizes de design que se aplicam a todos os jogos, e o objetivo do projeto é descobri-las. Embora bastante formal em seu escopo, o projeto representa uma maravilhosa iniciativa de design de jogos colaborativos.

International Game Developers Association

Esta organização profissional atua no setor de desenvolvimento de jogos digitais. O site Web, localizado em <www.igda.org>, é rico em recursos para o desenvolvedor de jogos já estabelecido e para os aspirantes, incluindo desde listagens de filiais da IGDA até colunas regulares sobre vários assuntos e vastos recursos educativos.

Joystick Nation: How Video Games Ate Our Quarters, Won Our Hearts, and Rewired Our Minds, de J. C. Herz

Escrito em 1997, *Joystick Nation* foi um dos primeiros estudos abrangentes e populares sobre o fenômeno cultural dos videogames. Um registro jornalístico direto, o livro oferece uma boa visão da cultura pop dos jogos e traça alguns dos fatores que afetam o crescimento dos videogames como uma forma cultural.

Ludology.org

Esse site Web, mantido pelo teórico dos jogos Gonzalo Frasca, é um dos melhores portais para assuntos relacionados ao estudo acadêmico dos jogos. Ele inclui extensas listas de blogs de estudos dos jogos, conferências e recomendações de documentos, e apoia uma comunidade de discussão saudável.

Phoenix: The Fall and Rise of Videogames, de Leonard Herman

Phoenix oferece uma visão detalhada da história dos consoles de videogame domésticos. A ênfase é tecnológica e o foco não está nos jogos, mas no design dos consoles si. Embora a leitura possa ser densa, o livro oferece uma visão importante da história da indústria do console e é uma obra de referência inestimável.

Sirlin.net

Um site Web peculiar e carinhoso, <www.sirlin.net> é o trabalho de David Sirlin, um ex-matemático e, às vezes, designer de jogos. O site contém um grande número de pequenos artigos sobre o design de jogos, a maioria deles tendo uma abordagem formal para a compreensão de fenômenos como o design das regras, a narrativa e a competição. Embora existam muitos sites de design de jogos na Web, Sirlin.net contém uma quantidade surpreendente de comentários e análises cuidadosos.

Supercade: A Visual History of the Videogame Age 1971–1984, de Van Burnham

Supercade é uma história visual e uma linha do tempo tecnológica do desenvolvimento do videogame durante um dos períodos mais importantes da indústria. O livro oferece resumos informativos de praticamente todos os videogames produzidos entre 1971-1984, junto com uma documentação bem pesquisada sobre o design visual de jogos.

Trigger Happy: Videogames and the Entertainment Revolution, de Steven Poole

Trigger Happy postula que os jogos são uma forma cultural a ser considerada, não só por causa de seu crescente domínio econômico na indústria do entretenimento, mas por causa de seu status como uma forma de arte. Poole analisa os jogos de várias perspectivas e aplica-lhes uma análise literária, filosófica e semiótica. Ele também traça o desenvolvimento da forma dos primeiros jogos de 8 bits até os sistemas tecnológicos e culturais complexos que eles são hoje.

Recomendados:
Capítulo 3: Unreal Cities
Capítulo 8: The Player of Games

BIBLIOGRAFIA

Aarseth, Espen J. *Cybertext: Perspectives on Ergodic Literature*. Baltimore: John Hopkins University Press, 1997.

Abrams, Janet. “Other Victories”. *In If/Then*, ed. Janet Abrams. Amsterdam: Netherlands Design Institute, 1999, p. 245-47.

Abt, Clark C. *Serious Games*. Nova York: Viking Press, 1970.

Alexander, Christopher. *Notes on the Synthesis of Form*. Cambridge, MA: Harvard University Press, 1964.

Ambasz, Emilio. *Emilio Ambasz: The Poetics of the Pragmatic*. Nova York: Rizzoli International Publications, 1988.

Apter, Michael J. “A Structural-Phenomenology of Play”. In *Adult Play: A Reversal Theory Approach*, ed. J. H. Kerr e Michael J. Apter. Amsterdam: Swets and Zeitlinger, 1991, p. 192-201.

Atari, Inc., Super Breakout. Atari Game Program Instructions. Sunnyvale, CA: Atari, Inc., 1981 (arquivado em <www.atariage.com>).

Avedon, E. M. “The Structural Elements of Games”. In *The Study of Games,* ed. E.M. Avedon e Brian Sutton-Smith. Nova York: John Wiley, 1971, p. 419-426.

Avedon, E.M. e Brian Sutton-Smith. The Study of Games. Nova York: John Wiley, 1971.

Bak, Per. *How Nature Works: The Science of Self Organized Criticality*. Nova York: Copernicus Books, 1996.

Bartle, Richard. “Hearts, Clubs, Diamonds, Spades: Players Who Suit MUDs”. <http://www.mud.co.uk/richard/hcds.htm>.

Barwood, Hal and Noah Falstein. The 400 Rules Project. <http://www.theinspiracy.com/400_project.htm>.

Bates, Bob e Andre LaMothe, eds. *Game Design: The Art and Business of Creating Games*. Boston: Premier Press, 2001.

Bateson, Gregory. “A Theory of Play and Fantasy”. In *Steps to an Ecology of Mind*. Chicago: The University of Chicago Press, 1972, p. 191-222.

Beach Frank A. “Current Concepts of Play in Animals”. In *Child’s Play,* ed. R.E. Herron e Brian Sutton-Smith. Nova York: John Wiley, 1971, p. 196-211.

Berman, Joshua e Amy Bruckman. “The Turing Game: Exploring Identity in an Online Environment”. *Convergence* 7(3): 83-102, 2001.

Bodley, John H. *Cultural Anthropology: Tribes, States, and the Global System*. Nova York: McGraw-Hill Higher Education, 1994.

Bolter, Jay David e Richard Grusin. *Remediation: Understanding New Media*. Boston: MIT Press, 1999.

Bonasia, Maria. “MetaMystery”, May 30, 2001, <www.cloudmakers.org>.

Boria, Eric, Paul Breidenbach e Talmadge Wright. “Player Talk and the Social Mediation of Virtual Violence”. Manuscrito inédito, 2002.

Buchanan, Richard. “Wicked Problems in Design Thinking”. In *The Idea of Design: A Design Issues Reader*, ed. Victor Margolin e Richard Buchanan. Cambridge, MA: MIT Press, 1995, p. 3-20.

Buchanan, Richard. "Branzi's *Dilemma: Design in Contemporary Culture*". In *Design: Pleasure or Responsibility?* ed. P. Takhokallio e S. Vihma. Helsinki: University of Art and Design Helsinki, 1995, p. 15-27.

Burnham, Van. *Supercade: A Visual History of the Videogame Age 1971-1984*. Cambridge, MA: MIT Press, 2001.

Caillois, Roger. *Man, Play, and Games*. Londres: Thames and Hudson, 1962.

Cameron, Andy. "Dissimulations: Illusions of Interactivity". MFJ No. 28: Spring, 1995. <http://infotyte.rmit.edu.au/rebecca/html/dissimulations.html>.

Campbell, Jeremy. *Grammatical Man: Information, Entropy, Language, and Life*. Nova York: Simon and Schuster, 1982.

Carroll, Lewis. *Alice's Adventures in Wonderland and Through the Looking Glass*. Nova York: Signet Classic, 2000.

Cassell, Justine e Henry Jenkins, eds. *From Barbie to Mortal Kombat: Gender and Computer Games*. Cambridge, MA: MIT Press, 1998.

Casti, John. *Complexification: Explaining a Paradoxical World Through the Science of Surprise*. Nova York: Harper Collins Publishers, 1994.

Chandler, Daniel. *Semiotics for Beginners*. <www.aber.ac.uk/~dgc/semiotic.html>.

Church, Doug. "Formal Abstract Design Tools", <www.gamasutra.com>.

Cloudmakers.org. <www.cloudmakers.org>.

Cohen, Scott. *Zap: The Rise and Fall of Atari*. Philadelphia, PA: XlibrisCorporation, 1964.

Costikyan, Greg. "Don't be a Vidiot: What Computer Game Designers Can Learn from Non-Electronic Games". 1998 Game Developer's Conference (arquivado em <www.costik.com/vidiot.hmtl>).

Costikyan, Greg. "I Have No Words and I Must Design". In *Interactive Fantasy* #2 <www.geocities.com/SiliconValley/Bay/2535/nowords.html>.

Cowen, George e David Pines. *Complexity: Metaphors, Models and Reality*.Santa Fe: Addison Wesley Longman, 1994.

Crawford, Chris. *The Art of Computer Game Design*. <www.vancouver.wsu.edu/fac/peabody/ game-book/Coverpage.html>.

Crawford, Chris. *The Art of Interactive Design: A Euphorious and Illuminating Guide to Building Successful Software*. San Francisco: No Starch Press, 2002.

Crawford, Chris. *Understanding Interactivity*. San Francisco: No Starch Press, 2002.

Csikszentmihalyi, Mihaly. Flow: *The Psychology of Optimal Experience*. Nova York: Harper Collins Publishers, 1991.

Davis, Morton D. *Game Theory: A Nontechnical Introduction*. Mineola: DoverPublications, 1970.

DeKoven, Bernard. "Creating the Play Community". In *The New Games Book*, ed. Andrew Fluegelman e Shoshana Tembeck. Nova York: Doubleday, 1976, p. 41-42.

DeKoven, Bernard. *The Well-Played Game*. Nova York: Doubleday, 1978.

Dilnot, Clive. *The Science of Uncertainty: The Potential Contribution of Design Knowledge.* Proceedings of the Ohio Conference, Doctoral Education in Design. Pittsburgh School of Design, Carnegie Mellon University, 9 de outubro de 1998.

Dunnigan, James F. *Wargames Handbook: How to Play and Design Commercial and Professional Wargames*, 3. ed. San Jose: Writers Club Press, 2000.

Edwards, Paul N. *The Closed World.* Cambridge, MA: MIT Press, 1996.

Ekeland, Ivar. *The Broken Dice: And Other Mathematical Tales of Chance.* Chicago: University of Chicago Press, 1993.

Ellington, Henry; Eric Addinall e Fred Percival. *A Handbook of Game Design.* Londres: Kogan Page Limited, 1982.

Epstein, Richard. *The Theory of Gambling and Statistical Logic.* San Diego: Academic Press, 1977.

Faber, Liz. *Computer Game Graphics.* Nova York: Watson-Guptill Publications, 1998.

Fatsis, Stefan. *Word Freak: Heartbreak, Triumph, Genius, and Obsession in the World of Competitive Scrabble Players.* Boston: Houghton Mifflin, 2001.

Feed Magazine. "Brave New Worlds: A Special Issue on Video Games". <www.feedmag.com>.

Findeli, Alain. "Moholy-Nagy's Design Pedagogy in Chicago, 1937-46". In *The Idea of Design: A Design Issues Reader*, ed. Victor Margolin e Richard Buchanan. Cambridge, MA: MIT Press, 1995, p. 29-38.

Fine, Gary Alan. *Shared Fantasy.* Chicago: University of Chicago, 1983.

Fluegelman, Andrew e Shoshana Tembeck. *The New Games Book.* Nova York: Doubleday, 1976.

Frasca, Gonzalo. Ludology.org. <www.ludology.org>.

Gamasutra.com.*The Art and Science of Making Games.* <www.gamasutra.com>.

Gamestudies.org. The International Journal of Computer Game Research, eds. Espen Aarseth, Markku Eskelinen, Marie-Laure Ryan, Susana Tosca.

Garfield, Richard. "Metagames". In *Horsemen of the Apocalypse: Essays on Roleplaying*, ed. Jim Dietz. Sigel, IL: Jolly Rogers Games, 2000, p. 16-22.

Geertz, Clifford. *The Interpretation of Cultures.* Nova York: Basic Books, 1977.

Gielens, Jaro. *Electronic Plastic.* Berlin: Die Gestalten Verlag, 2000.

Game Girl Advance. <www.gamegirladvance.com>.

Gleitman, Henry. *Psychology*, 2. ed. Nova York: W.W. Norton & Company, Inc .1986.

Goldstein, Kenneth. "Strategies in Counting Out". In *The Study of Games*, ed. Elliott Avedon e Brian Sutton-Smith. Nova York: John Wiley & Sons Inc., 1971, p. 172-77.

Gonzalez, Jesus M. "A Brief History of Open Source Software". <http://eu.conec-ta.it/paper/brief_history_open_source.html>.

Gygax, Gary. *Advanced Dungeons and Dragons Players Handbook.* Lake Geneva: TRS Hobbies, 1978.

Hale-Evans, Ron. "Game Systems Part 1". <www.thegamesjournal.com/articles/GameSystems1.shtml>.

Hall, Justin. "Brave New Worlds: A Special Issue on Video Games". *Feed Magazine*. <www.feedmag.com>.

Hallford, Neal e Jana Hallford. *Swords and Circuitry: A Designer's Guide to Computer Role Playing Games*. Boston: Premier Press, Incorporated, 2001.

Hancock, Hugh. "Better Game Design Through Cut-Scenes". Gamasutra.com. <www.gamasutra.com>.

Hans, James S. *Play of the World*. Boston: University of Massachusetts Press, 1981.

Harris, Tricia "Kazi Wren". "Mod World". In *Gamespy.com*, 22 de ago. 2002. <http://www.gamespy.com/modworld/August02/modworld12/>.

Hayles, Katherine. *How We Became Post-Human*. Chicago: University of Chicago Press, 1999.

Hebdige, Dick. *Subculture: The Meaning of Style*. Londres: Methuen & Co., Ltd., 1988.

Herman, Leonard. *Phoenix: The Fall and Rise of Videogames*. Springfield, NJ: Rolenta Press, 1994.

Herron, R. E. "A Syntax for Play and Games". In *Child's Play*, ed. Brian Sutton-Smith e R. E. Herron. Nova York: John Wiley and Sons, 1971, p. 298-307.

Heskett, John. *Industrial Design*. Nova York: Oxford University Press, 1980.

Herz, J. C. "Gaming the System: Multi-player Worlds Online", In *Game On: The History and Culture of Video Games*, ed. Lucien King. Londres: Laurence King Publishing Ltd., 2002, p. 86-97.

Herz, J. C. *Joystick Nation: How Videogames Ate Our Quarters, Won Our Hearts, and Rewired Our Minds*. Nova York: Little, Brown & Company, 1997.

Heskett, John. *Industrial Design*. Nova York: Oxford University Press, 1980.

Hickey, Dave. *Air Guitar: Essays on Art and Democracy*. San Francisco: Foundation for Advanced Critical Studies, Incorporated, 1997.

Holland, John. *Emergence*. Reading: Helix Books, 1998.

Hughes, Linda. "Beyond the Rules of the Game: Why Are Rooie Rules Nice?" In *The World of Play*, ed. Frank E. Manning. Proceedings of the 7th Annual Meeting of the Association of the Anthropological Study of Play. Nova York: Leisure Press, 1983, p. 188-199.

Hughes, Linda. "Children's Games and Gaming". In *Children's Folklore: A Source Book*. ed. Brian Sutton-Smith, Jay Mechling, Thomas W. Johnson e Felicia R. McMahon. Logan, UT: Utah State University Press, 1999, p. 93-120.

Huhtamo, Eric. "Game Patch: the Son of Scratch?" In *Cracking the Maze*. Curadora Anne-Marie Schleiner. 16 jul. 1999. <www.switch.sjsu.edu/CrackingtheMaze>.

Huizinga, Johann. *Homo Ludens: A Study of the Play Element in Culture*. Boston: Beacon Press, 1955.

Ikekeonwu e Nwokah. "Nigerian and American Children's Games". In *The Study of Play, Vol 1. Diversions and Divergences in Fields of Play*, ed. Margaret C. Duncan, Garry Chick e Alan Aycock. Nova York: Ablex/Greenwood Publishing Company, 1998, p. 61-75.

International Game Developers Association, <www.igda.org>.

Jenkins, Henry. "Complete Freedom of Movement: Video Games as Gendered Play Spaces". In *From Barbie to Mortal Kombat: Gender and Computer Games*, ed. Justine Cassell e Henry Jenkins. Cambridge, MA: MIT Press, 1998, p. 262-297.

Jenkins, Henry. "Testimony Before the U.S. Senate Commerce Committee, 4 maio 1999". <www.senate.gov/~commerce/hearings/0504jen.pdf.>

Jenkins, Henry. *Textual Poachers: Television Fans and Participatory Culture*. Nova York: Routledge, 1992.

Jenkins, Henry e Kurt Squire. "The Art of Contested Spaces". In *Game On: The History and Culture of Video Games*, ed. Lucien King. Londres: Laurence King Publishing Ltd., 2002, p. 64-75.

Johnson, Steven. *Emergence: The Connected Lives of Ants, Brains, Cities, and Software*. Nova York: Scribner, 2001.

Jonas, Wolfgang. "On the Foundations of a 'Science of the Artificial". Breman, Germany: Hochschule fur Kunst und Design Halle, 1999. <http://home.snafu.de/jonasw/JONAS4-49.html>.

Juul, Jesper. "Games Telling Stories? A Brief Note on Games and Narratives". Gamestudies.org. <www.gamestudies.org>.

Kim, Scott. "What is a Puzzle?" <www.scottkim.com/articles.html>.

Kinder, Marsha. *Playing with Power in Movies, Television, and Video Games: From Muppet Babies to Teenage Mutant Ninja Turtles*. Los Angeles: University of California Press, 1993.

King, Geogg e Tanya Krzywinska. "*Computer Games | Cinema | Interfaces*". In *Computer Games and Digital Cultures, Conference Proceedings*, ed. Frans Mäyrä. Tampere, Finlândia: Tampere University Press, 2002, p. 89-107.

King, Lucien, ed. *Game On: The History and Culture of Video Games*. Londres: Laurence King Publishing Ltd., 2002.

Klevjer, Rune. "In Defense of Cut-Scenes". In *Computer Games and Digital Cultures, Conference Proceedings*, ed. Frans Mäyrä. Tampere, Finlândia: Tampere University Press, 2002, p. 191-2002.

Knizia, Reiner. *Dice Games Properly Explained*. Tadworth, Surrey: Elliot Right Way Books, 2001.

Krippendorff, Klaus. "On the Essential Contexts of Artifacts or On the Proposition that 'Design is Making Sense (of Things)'." In *The Idea of Design: A Design Issues Reader*, ed. Victor Margolin e Richard Buchanan. Cambridge, MA: MIT Press, 1995, p.156-86.

Kuper, Simon. "The World's Game Is Not Just A Game". In *The NewYork Times* Sunday Magazine, 26 maio 2002.

Langton, Christopher. *Artificial Life: An Overview*. Cambridge, MA: MIT Press, 1995.

Laramée, François Dominic, ed. *Game Design Perspectives*. Hingham, MA: Charles River Media, 2002.

Lantz, Frank e Eric Zimmerman. "Rules, Play, and Culture: Checkmate!". *Merge Magazine*, 1999, p. 41-43.

Laurel, Brenda. *Computers as Theater*. Reading, MA: Addison-Wesley Publishing Company, 1993.

LeBlanc, Marc. "Feedback Systems and the Dramatic Structure of Competition". Game Developers Conference, 1999.

Littlejohn, Stephen. *Theories of Human Communication*, 3. ed. Belmont, CA: Wadsworth Publishing Company, 1989.

Lupton, Ellen e J. Abbott Miller. "Laws of the Letter". In *Design, Writing, Research: Writing on Graphic Design*. Nova York: Princeton Architectural Press, 1996.

Mackay, Daniel. *The Fantasy Role-Playing Game: A New Performing Art*. Londres: McFarland & Company, Inc., 2001.

Manning, Frank E., ed. *The World of Play*. Proceedings of the 7th Annual Meeting of the Association of the Anthropological Study of Play. Nova York: Leisure Press, 1983.

Marcus, Greil. *Lipstick Traces: A Secret History of the Twentieth Century*. Cambridge: Harvard University Press, 1989.

Manovich, Lev. *The Language of New Media*. Cambridge: MIT Press, 2001.

Martin, Ben. "The Schema". In *Complexity: Metaphors, Models, and Reality*, ed. George Cowan e David Pines. Santa Fe: Addison Wesley Longman, 1994, p. 263-286.

Mäyrä, Frans. ed. *Computer Games and Digital Cultures Conference Proceedings*. Tampere, Finlândia: Tampere University Press, 2002.

Miller, J. Hillis. "Narrative". In *Critical Terms for Literary Study*, ed. Frank Lentricchia e Thomas McLaughlin. Chicago: The University of Chicago Press, 1990, p. 66-79.

Morganstern, Oscar e John Von Neumann. *Theory of Games and Economic Behavior*. Princeton: Princeton University Press, 1944.

Murray, Janet. *Hamlet on the Holodeck*. Nova York: The Free Press, 1997.

Norman, Donald. *The Design of Everyday Things*. Nova York: Doubleday, 1988.

Nwokah e Ikekeonwu. "Nigerian and American Children's Games". In *The Study of Play Vol. 1. Diversions and Divergences in Fields of Play*, ed. Margaret C. Duncan, Gary Chick, e Alan Aycock. Nova York: Ablex/Greenwood Publishing Company, 1998, p.147-153.

Parlett, David. *The Oxford Dictionary of Card Games*. Oxford: Oxford University Press, 1992.

Parlett, David. *The Oxford History of Board Games*. Oxford: Oxford University Press, 1999.

Pearce, Celia. *The Interactive Book: A Guide to the Interactive Revolution*. Toronto: Macmillan Technical Publishing/New Riders, 1997.

Peirce, Charles Saunders. *Charles S. Peirce: Selected Writings*, ed. P. O. Wiener. Nova York: Dover, 1958.

Peterson, Ivars. *The Jungles of Randomness: A Mathematical Safari*. Nova York: John Wiley, 1997.

Phillips, Andrea. "Deep Water". 26 jul. 2001. Cloudmakers.org. <www.cloud-makers.org>.

Piaget, Jean. *The Moral Judgment of the Child*. Nova York: Free Press, 1997.

Poole, Steven. *Trigger Happy: Videogames and the Entertainment Revolution*. Nova York: Arcade Publishing, 2000.

Poundstone, William. *Prisoner's Dilemma*. Nova York: Doubleday, 1992.

Prensky, Marc. *Digital Game-Based Learning*. Nova York: McGraw-Hill, 2001.

Reider, Norman. "Chess, Oedipus, and the Mater Dolorosa". In *The Study of Games*, ed. E.M. Avedon e Brian Sutton-Smith. Nova York: John Wiley, 1971, p. 440-464.

Resnick, Mitchell. *Turtles, Termites, and Traffic Jams*. Cambridge: MIT Press, 1997.

Robinett, Warren. *Inventing the Adventure Game*. Manuscrito inédito.

Rollings, Andrew e Dave Morris. *Game Architecture and Design*. Scottsdale, AZ: Coriolis Group, 1999.

Rouse, Richard III. *Game Design: Theory and Practice*. Plano, TX: Wordware Publishing, 2001.

Rumelhart, David E. e Andrew Ortony. "The Representation of Knowledge in Memory". In *Schooling and the Acquisition of Knowledge*, ed. R. C. Anderson, R. J. Spiro e W. E. Montague. Hillsdale, N.J.: Erlbaum, 1977, p. 99-135.

Ryan, Marie-Laure. *Narrative as Virtual Reality: Immersion and Interactivity in Literature and Electronic Media*. Baltimore: John Hopkins University Press, 2000.

Salen, Katie. "Lock, Stock, and Barrel: Sexing the Digital Siren", In *Sex Appeal: The Art of Allure in Graphic and Advertising Design*, ed. Steven Heller. Nova York: Allworth Press, 2000, p. 148-51.

Salen, Katie. "Telefragging Monster Movies". In *Game On: The History and Culture of Video Games*, ed. Lucien King. Londres: Laurence Ling Publishing Ltd., 2002, p. 98-111.

Sankey, Daragh. "A.I. Game", 2001. Joystick101.org. <www.joystick.org>.

Saussure, Ferdinand de. *Course in General Linguistics*. Londres: Peter Owen, 1960.

Schell, Jesse e Joe Schochet. "Designing Interactive Theme Park Rides: Lessons From Disney's Battle for the Buccaneer Gold". <www.gamasutra.com/fea-tures/20010706/ schell_01. htm>.

Schleiner, Anne-Marie. "Game Plug-ins and Patches as Hacker Art". *Cracking the Maze*. 16 jul. 1999. <switch.sjsu.edu/CrackingtheMaze>.

Schmittberger, R. Wayne. *New Rules for Classic Games*. Nova York: John Wiley, 1992.

Schon, Donald. *The Reflective Practitioner: How Professionals Think in Action*. Nova York: Basic Books, 1983.

Shannon, Claude e Weaver, Warren. *Mathematical Theory of Communication*.Champaign: University of Illinois Press, 1963.

Sieberg, Daniel. "Reality Blurs, Hype Builds with Web 'A.I.' Game". Maio 2001, CNN.com.

Simon, Herbert. *The Sciences of the Artificial*. Cambridge, MA: MIT Press, 1968.

Sirlin, David. Sirlin.net. <www.sirlin.net>.

Smith, Harvey. "The Future of Game Design". <www.gamasutra.com>.

Sniderman, Stephen. "Unwritten Rules". <www.gamepuzzles.com/tlog/tlog2.htm>.

Stewart, Susan. *Nonsense. Aspects of Intertextuality in Folklore and Literature*. Baltimore: The John Hopkins University Press, 1978.

Sudnow, David. *Pilgrim in the Microworld*. Nova York: Warner Books, 1983.

Suits, Bernard. *Grasshopper: Games, Life, and Utopia*. Boston: David R. Godine, 1990.

Sutton-Smith, Brian. *The Ambiguity of Play*. Boston: Harvard University Press, 2001.

Sutton-Smith, Brian."Boundaries". In *Child's Play*, ed. Brian Sutton-Smith e R. E. Herron. Malabar, FL: Warrior Books, 1971, p. 173-92.

Sutton-Smith, Brian, Jay Mechling, Thomas W. Johnson e Felicia R. McMahon, eds. *Children's Folklore: A Source Book*. Logan, UT: Utah State University Press, 1999.

Sutton-Smith, Brian. "The Kissing Games of Adolescents of Ohio". In *The Study of Games*, ed. Elliott Avedon and Brian Sutton-Smith. Nova York: John Wiley and Sons, Inc., 1971, p. 213-16.

Sutton-Smith, Brian. *Toys as Culture*. Nova York: Gardner Press, Incorporated, 1986.

Thompson, J. Mark. "Defining the Abstract". <http://www.flash.net/~markthom/html/game_thoughts.html>.

Underwood, Mick. CCMS. <http://www.cultsock.ndirect.co.uk/MUHome/cshtml/semiomean/semio1.html>.

Von Bertalanffy, Ludwig. *General Systems Theory Foundations*. Nova York: George Braziller, 1968.

Von Neumann, John e Oscar Morganstern. *Theory of Games and Economic Behavior*. Princeton: Princeton University Press, 1944.

Vygotsky, L. S. "Play and its Role in the Mental Development of the Child". In *Play and Its Role in Evolution and Development*, ed. J. S. Bruner, A. Jolly e K. Sylva. Nova York: Penguin, 1976, p. 548-63.

Wolf, Mark J.P. "Space in the Video Game". In *The Medium of the Video Game*. Austin: University of Texas Press, 2002, p. 53-70.

Wolfe, Burton H. "The Monopolization of Monopoly: The Story of Lizzie Magie". In *The San Francisco Bay Guardian*, 1976.

LISTA DOS JOGOS CITADOS

A listagem a seguir contém todos os jogos mencionados nos quatro volumes de *Regras do Jogo*. Cada jogo é listado em ordem alfabética por título, incluindo a data de lançamento, mídia em que foi jogado, e desenvolvedor ou designer do jogo.

Uma grande parte dos jogos citados não tem um autor ou grupo de autores identificável — ou a origem exata do jogo está em disputa pelos historiadores de jogos. Nesses casos, o jogo está listado como "Tradicional" e as datas aproximadas de origem são indicadas, se conhecidas. Muitas vezes, esses jogos têm evoluções históricas ricas, como o jogo de tabuleiro Chutes and Ladders, que tem semelhanças com os jogos disputados no antigo Egito, bem como com jogos tradicionais da Índia, Nepal e Tibete. Nesses casos, optamos como data de origem a primeira ocorrência histórica de um jogo que é reconhecidamente semelhante ao jogo citado. (No caso de Chutes and Ladders, por exemplo, usamos a data de 1892: essa é a data de publicação do Snakes and Ladders de F.H. Ayre, um jogo praticamente idêntico ao Chutes and Ladders de hoje).

Em deferência ao processo normalmente colaborativo da criação de jogos, os designers individuais são listados como o criador de um jogo apenas quando um único designer ou dois designers criaram o jogo inteiro por si só ou quando um único designer é comercialmente creditado com a autoria exclusiva, como é o caso de muitos jogos de tabuleiro contemporâneos.

Muitas vezes citamos mais de uma versão de um jogo digital que foi produzido em série, tais como o Virtua Fighter e Virtual Fighter 4. Nesses casos, listamos o jogo como uma série, mas incluímos apenas a data e o criador do primeiro jogo na série. Além disso, quando as versões de um jogo importante aparecem em mais de uma mídia (como um jogo arcade que mais tarde tornou-se um jogo de console), listamos todas as formas pertinentes, com a mídia original listada primeiro.

Na organização dos jogos por mídia, optamos por categorias muito "amplas", tais como "Jogo arcade" ou "Jogo físico". Algumas das categorias se sobrepõem, mas colocamos os jogos em grupos que pareciam mais conceitualmente úteis para fins de comparação. Nossa intenção aqui não é fornecer um levantamento detalhado ou uma taxonomia desses jogos, mas dar uma indicação geral da rica variedade de jogos que mencionamos e analisamos no curso de nossas investigações. Se você quiser pesquisar mais profundamente algum desses jogos, uma lista das referências utilizadas para reunir as informações neste índice foi incluída no final.

Jogo arcade. Os jogos nesta categoria são os games digitais jogados em máquinas dedicadas que apenas executam um único jogo. Isso inclui jogos arcade típicos, como Pac-Man e Space Invaders, bem como jogos de entretenimento baseados em locações, como a atração Battle for the Buccaneer Gold da Disneyworld.

Jogo de tabuleiro. Além de jogos como xadrez e Go — jogos que são literalmente jogados em um tabuleiro — incluímos nesta categoria aqueles jogados em algum tipo de estrutura de tabuleiro, como Batalha Naval e Connect Four.

Jogo baseado em livros. A simulação de voo Ace of Aces baseada em livros não se encaixou em nenhuma outra categoria, por isso tem uma própria. Existem outros jogos baseados em livros, mas não são mencionados no livro Regras do Jogo.

Jogo de cartas. Alguns jogos nesta categoria, tais como pôquer e bridge, usam um conjunto padrão de cartas. Outros, como Magic: The Gathering, usam cartas especializadas projetadas especificamente para um jogo.

Jogo de computador. Este grupo inclui os jogos projetados para serem jogados em computadores pessoais, desde o venerável PDP-1 até as máquinas Macintosh e Windows atuais. Esses jogos são jogados principalmente em uma única máquina por um único jogador.

Jogo de console. Estes jogos são jogados nas máquinas de console de jogo que se conectam a uma televisão, variando desde o Atari 2600 até o Xbox, GameCube e Playstation 2 de hoje.

Jogo de dados. Os jogos deste grupo são jogados principal ou exclusivamente com dados. Incluem jogos de azar como Craps e jogos tradicionais como Pig e Yatzee. Além disso, incluímos o jogo de roleta nesta categoria, pois é um jogo totalmente baseado no acaso.

Jogo portátil. Esta categoria inclui os jogos disputados em um dispositivo digital portátil como um Game Boy ou Palm Pilot. Dispositivos eletrônicos portáteis que apenas jogam um jogo, tais como o P.O.X., também são agrupados aqui.

Jogo Icehouse. O Icehouse é um sistema de jogo que usa pirâmides de plástico coloridas como peças de muitos jogos diferentes. Foram tantos os jogos Icehouse que mencionamos neste livro que os incluímos em sua própria categoria.

Jogo de celular. Os jogos deste grupo são jogados principalmente usando um telefone celular, seja single-player ou multiplayer.

Jogo on-line. Este é um tipo especial de jogo digital que enfatiza a interação social baseada na Web como a principal forma de jogar. Incluídos nesta categoria estão os jogos transmídia como o Majestic que ocorrem na Internet via aparelhos de fax e telefones.

Jogo físico. Essa categoria inclui jogos como pega-pega ou jogos com bolinhas de gude em que a ação do jogo envolve principalmente o movimento físico e a interação. Esses jogos são menos regulamentados que os jogos incluídos na categoria Esporte.

Quebra-cabeças. Conforme descrito em Definindo jogos, os quebra-cabeças são jogos com uma única resposta correta ou um conjunto de respostas corretas. Os quebra-cabeças podem ter muitas formas, mas as que citamos são os jogos com um jogador que usam materiais simples como lápis e papel.

Jogo RPG. Estes jogos são experiências altamente narrativas, em que a principal forma de interação lúdica envolve os jogadores assumindo personalidades imaginárias. O clássico Dungeons & Dragons é o exemplo prototípico dessa categoria de jogo. RPGs de *live-action*, como o Vampiro: A Máscara, também são incluídos aqui.

Jogo social. Os jogos sociais são aqueles em que a ação consiste basicamente na interação social entre os participantes. Normalmente, esses jogos têm pouco ou nenhum componente material e incluem jogos de salão tão diversos como Charadas, Mafia e Gire a Garrafa.

Esporte. Os jogos nesta categoria são os jogos físicos que normalmente são jogados como um esporte organizado e regulamentado — geralmente com equipamento muito especializado em um espaço especial reservado para o jogo. Em alguns casos, os jogos listados como Esportes podem também constituir uma atividade de lazer, tal como o esqui.

Programa de televisão. Estes jogos existem como experiências televisionadas e incluem programas como Survivor, Jeopardy e Quem Quer Ser Milionário.

Jogo de blocos. Os jogos deste grupo são jogados com alguma forma de blocos modulares e incluem jogos como dominó e Mahjong.

1000 Blank White Cards
Nathan McQuillen, 1994
Jogo social

Assassin
Tradicional, 1966
RPG

20 Perguntas
Tradicional
Jogo social

Asteroids
Atari, 1979
Jogo arcade; Jogo de console

A.I.
Puppet Masters / Microsoft, 2001
Jogo on-line

Atari Football
Atari, 1978
Jogo arcade

Ace of Aces
Alfred Leonardi, 1980
Jogo baseado em livros

Bad Dudes
Data East, 1988
Jogo arcade

Advanced Dungeons & Dragons
(*ver* Dungeons & Dragons)

Gamão
Tradicional, cerca de 1600
Jogo de tabuleiro

Adventure
Will Crowther and Don Woods, 1975
Jogo de computador

Barbie Fashion Designer
Mattel, 1996
Jogo de computador

Adventure
Warren Robinett, 1980
Jogo de console

Beisebol
Abner Doubleday, cerca de 1839
Esporte

Age of Empires
Ensemble Studios, 1997
Jogo de computador

Basquete
James Naismith, 1891
Esporte

Alleyway
Nintendo, 1989
Jogo portátil

Battle for the Buccaneer Gold
Disney, 2001
Jogo arcade

Luta de braço
Tradicional
Jogo físico

BattleBots
Comedy Central, 1998
Esporte / Programa de televisão

Battleship
Milton Bradley, 1967
Jogo de tabuleiro

Breakout (série)
Atari, 1976
Jogo arcade; Jogo de console

Battlezone
Atari, 1980
Jogo arcade

Boxe
Tradicional
Esporte

Bejeweled
Popcap Games, 2001
Jogo on-line

Bridge
Tradicional, cerca de 1885
Jogo de cartas

Berzerk
Stern, 1980
Jogo arcade

Bridge-Builder
Alex Austin, 2000
Jogo de computador

Bilhar
Tradicional, cerca de 1500
Esporte

Xadrez bughouse
Tradicional, cerca de 1965
Jogo de tabuleiro

Black & White
Lionhead Studios, 2001
Jogo de computador; Jogo de console

Bust-A-Groove
Square Enix, 1998
Jogo de console; Jogo arcade

Blackjack
Tradicional, cerca de 1750
Jogo de cartas

Tranca (ou Canasta)
Tradicional, cerca de 1945
Jogo de cartas

Blob
New Games Movement, cerca de 1976
Jogo físico

Candyland
Milton Bradley, 1949
Jogo de tabuleiro

Botfighters
It's Alive, 2001
Jogo de celular

Can't Stop
Sid Sackson, 1980
Jogo de dados

Boliche
Tradicional, cerca de 1880
Esporte

Capturar a bandeira
Tradicional
Jogo físico

Car Wars (série)
Chad Irby and Steve Jackson, 1982
Jogo de tabuleiro

Escadas e escorregadores
F. H. Ayres, 1892
Jogo de tabuleiro

The Card Game
Tradicional
Jogo social

Civilization (série)
MicroProse, 1991
Jogo de computador; Jogo de console

Castle Wolfenstein
Muse, 1981
Jogo de computador

Command and Conquer
Westwood Studios, 1995
Jogo de computador

Pegar o rabo do dragão
New Games Movement, cerca de 1976
Jogo físico

Cool Boarders (série)
Sony, 1996
Jogo de console

Centipede
Atari, 1980
Jogo arcade

Polícia e ladrão
Tradicional
Jogo físico

Charadas
Tradicional
Jogo social

Cosmic Wimpout
CQ Incorporated, cerca de 1975
Jogo de dados

Chaturanga
Tradicional, cerca de 650
Jogo de tabuleiro

Counter-Strike
The Counter-Strike Team, 2000
Jogo de computador

Damas
Tradicional, cerca de 1500
Jogo de tabuleiro

Craps
Circa 1700
Jogo de dados

Xadrez
Tradicional, cerca de 850
Jogo de tabuleiro

Crash Bandicoot
Naughty Dog, 1996
Jogo de console

Damas chinesas
Ravensburger, 1892
Jogo de tabuleiro

Críquete
Tradicional, 1700
Esporte

Croquet
Tradicional, cerca de 1830
Esporte

Donkey Kong
Nintendo, 1981
Jogo arcade

Dactyl Nightmare
Virtuality, 1993
Jogo arcade

Don't Wake Daddy
Parker Brothers, 1992
Jogo de tabuleiro

Dance Dance Revolution
Konami, 1998
Jogo arcade; Jogo de console

DOOM
id Software, 1993
Jogo de computador

Defender
Williams, 1980
Jogo arcade

Dope Wars (originalmente Drug Wars)
John Dell
Jogo de computador; Jogo portátil

Deus Ex
Ion Storm, 2000
Jogo de computador; Jogo de console

Double Dragon
Taito, 1986
Jogo arcade

Diablo (série)
Blizzard Entertainment, 1996
Jogo de computador

Jogo do beijo
Tradicional, cerca de 1959
Jogo social

Dig-Dug
Namco, 1982
Jogo arcade

Driver: You are the Wheelman
Reflections, 1999
Jogo de console

Diplomacy
Allan Calhammer, 1959
Jogo de tabuleiro

Drome Racing Challenge
gameLab, 2002
Jogo on-line

Dodge Ball
Tradicional
Jogo físico

Duke Nuke Em 3D (série)
3D Realms, 1996
Jogo de computador; Jogo de console

Dominó
Tradicional, cerca de 1850
Jogo de blocos

Dungeon Siege
Gas Powered Games, 2002
Jogo de computador

Dungeons & Dragons (série)
Dave Arneson & Gary Gygax, 1973
RPG

Flashlight
Tradicional, cerca de 1959
Jogo social

Earthball
New Games Movement, cerca de 1976
Jogo físico

FLUID
gameLab, 2002
Jogo de computador

Easy Money
Milton Bradley, cerca de 1955
Jogo de tabuleiro

Flux
Andrew Looney, 1997
Jogo de cartas

Elemental
Team Elemental, unpublished
Jogo de computador

Futebol americano
Walter Camp, 1879
Esporte

Enchanted Forest
Michel Matsechoss and Alex Randolph, 1992
Jogo de tabuleiro

Foursquare
Tradicional
Esporte

Endurance Kissing
Tradicional, cerca de 1959
Jogo social

The Game of Life
John Conway, 1970
Quebra-cabeças; Jogo de computador

Euchre
Tradicional, cerca de 1860
Jogo de cartas

Gauntlet (série)
Atari, 1985
Jogo arcade; Jogo de console

EverQuest
Verant Interactive, 1999
Jogo on-line

Gearheads
R/GA Interactive, 1996
Jogo de computador

Esgrima
Tradicional, cerca de 1670
Esporte

Gin
Tradicional, cerca de 1920
Jogo de cartas

Final Fantasy (série)
Square Enix, 1990
Jogo de console

Go
Tradicional, cerca de 2000 BCE
Jogo de tabuleiro

Go Fish
Tradicional, cerca de 1585
Jogo de cartas

Esconde-esconde
Tradicional
Jogo físico

Golfe
Tradicional, cerca de 1450
Esporte

Hollywood Squares
NBC, 1965
Programa de televisão

Gnostica
John Cooper, 2001
Jogo Icehouse

House of the Dead
Sega, 1997
Jogo arcade; Jogo de console

Gran Turismo (série)
Ployphony Digital, 1998
Jogo de console

Ice Hockey
Tradicional, cerca de 1850
Esporte

Grand Theft Auto III (série)
Rockstar North, 2001
Jogo de console

Icehouse
Andrew Looney and John Cooper, 1991
Jogo Icehouse

GURPS: Generic Universal Role-Playing System
Steve Jackson, cerca de 1986
Sistema de jogo RPG

Illuminati
Steve Jackson, 1982
Jogo de tabuleiro

Ginástica
Tradicional, 1896
Esporte

Jak & Daxter
Naughty Dog, 2001
Jogo de console

Half-Life
Valve Software, 1998
Jogo de computador; Jogo de console

James Bond 007 In Agent Under Fire
Electronic Arts, 2001
Jogo de console

Copas
Tradicional, cerca de 1880
Jogo de cartas

Jeopardy
NBC, 1964
Programa de televisão

Hex
Piet Hein, 1942
Jogo de tabuleiro

Jet Grind Radio
Smilebit, 2000
Jogo de console

Joust
Williams, 1982
Jogo arcade

Mad Magazine Game
Parker Brothers, 1979
Jogo de tabuleiro

Junkbot (série)
gameLab, 2001
Jogo de computador

Mafia
Tradicional
Jogo social

Kick the Can
Tradicional
Jogo físico

Magic: The Gathering
Richard Garfield, 1993
Jogo de cartas

Killer
(*ver* **Assassin)**

Mah Jongg
Tradicional, cerca de 1880
Jogo de blocos

Kriegspiel
Lt. von Reisswitz, 1824
Jogo de tabuleiro

Majestic
Electronic Arts, 2001
Jogo on-line

The L Game
Edward DeBono, cerca de 1974
Jogo de tabuleiro

Mancala
Tradicional, cerca de 3000 BCE
Jogo de tabuleiro

The Landlord's Game
Lizzie Magie, 1904
Jogo de tabuleiro

Marathon (série)
Bungie Software, 1994
Jogo de computador

Little Max
Tradicional
Jogo de dados

Bolinhas de gude
Tradicional, cerca de 100 BCE
Jogo físico

LOOP
gameLab, 2002
Jogo de computador

Mario Bros. (série)
Nintendo, 1983
Jogo arcade; Jogo de console; Jogo portátil

Lord of the Rings, jogo de tabuleiro
Reiner Knizia, 2000
Jogo de tabuleiro

Martian Backgammon
Andrew Looney, 1997
Jogo Icehouse

Mastermind
Invicta, 1972
Jogo de tabuleiro

Mamãe, eu posso?
Tradicional
Jogo físico

Max Payne
3D Realms, 2001
Jogo de computador; Jogo de console

Mousetrap
Ideal, 1963
Jogo de tabuleiro

Mega Man (série)
Capcom, 1987
Jogo de console; Jogo portátil

Ms. Pac-Man
Namco, 1982
Jogo arcade; Jogo de console

Memória
Tradicional
Jogo de cartas

Dança das cadeiras
Tradicional
Jogo físico

Metal Gear Solid (série)
KCEJ, 1998
Jogo de console

Myst
Cyan, 1993
Jogo de computador

Metroid (série)
Nintendo, 1985
Jogo de console

Myth: The Fallen Lords
Bungie Software, 1997
Jogo de computador

Milles Bournes
Parker Brothers, 1954
Jogo de cartas

NBA Courtside (série)
Left Field Productions, 1998
Jogo de console

Missile Command
Atari, 1980
Jogo arcade; Jogo de console

NBA Live (série)
Electronic Arts, 1995
Jogo de console; Jogo de computador

Monopoly (ou Banco Imobiliário)
Charles B. Darrow, 1933
Jogo de tabuleiro

NeoPets
NeoPets Inc, 1999
Jogo on-line

Mortal Kombat (série)
Midway, 1992
Jogo arcade; Jogo de console

NetRunner
Wizards of the Coast, 1995
Jogo de cartas

Neverwinter Nights
Bioware, 2002
Jogo de computador; Jogo on-line

Pega-varetas
Tradicional
Jogo físico

Night Driver
Atari, 1976
Jogo arcade

Pictionary
Rob Angel, 1986
Jogo de tabuleiro

Oddworld (série)
Oddworld Inhabitants, 1997
Jogo de console; Jogo de computador

Pig
Tradicional
Jogo de Dados

Decatlo olímpico
Tradicional, 1896
Esporte

Pilotwings
Nintendo, 1990
Jogo de console

Once Upon a Time
Richard Lambert, Andrew Rilstone e James Wallis, 1993
Jogo de cartas

pingue-pongue
(*ver Tênis de mesa*)

Othello
Lewis Waterman, 1888
Jogo de tabuleiro

Pinochle
Tradicional, cerca de 1900
Jogo de cartas

P.O.X.
Hasbro, 2001
Jogo portátil

Planetfall
Steve Meretsky / Infocom, 1983
Jogo de computador

Pac-Man
Namco, 1980
Jogo arcade; Jogo de console

Pokémon
Nintendo, 1998
Jogo de mão; Jogo de console; Jogo de cartas

Parappa the Rapper
Interlink, 1997
Jogo de console

Pôquer
Tradicional, cerca de 1820
Jogo de cartas

Pass the Orange
Tradicional, cerca de 1959
Jogo social

Pong
Atari, 1972
Jogo arcade; Jogo de console; Jogo de computador

Populous: The Beginning
Take-Two Interactive, 1998
Jogo de computador

Scrabble
Alfred M. Butts, 1948
Jogo de tabuleiro

Powerstone (série)
Capcom, 1999
Jogo de console

Seaman
Vivarium, 2000
Jogo de console

Quake (série)
id Software, 1996
Jogo de computador; Jogo on-line; Jogo de console

Secret of Monkey Island (série)
LucasArts, 1990
Jogo de computador

Raquetebol
Joe Sobek, 1949
Esporte

Settlers of Catan
Klaus Teuber, 1995
Jogo de tabuleiro

RAMbots
Kory Heath, 2001
Jogo Icehouse

Shenmue (série)
Sega, 2000
Jogo de console

Risk
Albert Lamorisse, 1959
Jogo de tabuleiro

Silent Hill (série)
Konami, 1999
Jogo de console

Robotron 2084
Williams, 1982
Jogo arcade

Sim City (série)
Maxis, 1989
Jogo de computador

Rock-Paper-Scissors
Tradicional
Jogo físico

Sim Copter
Maxis, 1996
Jogo de computador

Roleta
Tradicional, cerca de 1900
Jogo de dados

SimLife
Maxis, 1992
Jogo de computador

Rúgbi
Tradicional, cerca de 1800
Esporte

Simon Says
Tradicional
Jogo social

The Sims (série)
Maxis, 2000
Jogo de computador; Jogo de console

Spybot: The Nightfall Incident
gameLab, 2002
Jogo de computador

SiSSYFiGHT 2000
Word.com, 2000
Jogo on-line

SSX (série)
Electronic Arts, 2000
Jogo de console

Esqui
Tradicional, cerca de 1880
Esporte

Stand Up
New Games Movement, cerca de 1976
Jogo físico

Futebol
Tradicional, cerca de 1850
Esporte

Starcraft
Blizzard Entertainment, 1998
Jogo de computador

Softbol
Tradicional, cerca de 1930
Esporte

State of Emergency
VIS Entertainment, 2002
Jogo de console

Paciência (muitas variações)
Tradicional, cerca de 1600
Jogo de cartas

Stay Alive
Milton Bradley, 1971
Jogo de tabuleiro

Space Invaders
Taito 1978
Jogos arcade

Stealth Chess
Dice Corp, 1997
Jogo de tabuleiro

Spacewar!
Steve Russell, 1962
Jogo de computador

Stratego
Milton Bradley, 1961
Jogo de tabuleiro

Jogo da garrafa
Tradicional
Jogo social

Street Fighter (série)
Capcom, 1987
Jogo arcade; Jogo de console

Spy Vs. Spy (série)
Kemko, 1986
Jogo de computador; Jogo de console

Sumô
Tradicional, cerca de 712
Esporte

Super Breakout
(*ver* Breakout)

Tempest
Atari, 1981
Jogo arcade

Super Mario (*ver* Mario Bros.)
Amusement Vision, 2001
GameCube

Tênis
Walter Wingfield, 1873
Esporte

Survivor
CBS, 2000
Programa de televisão

Tetris
Alexy Pajnitov, cerca de 1986
Jogo de computador; Jogo portátil; Jogo de console

Suspicion
Eric Zimmerman, 1995
Jogo de cartas

Thief (série)
Looking Glass Studios, 1998
Jogo de computador

System Shock (série)
Looking Glass Studios, 1994
Jogo de computador; Jogo de console

Thin Ice
Jacob Davenport, cerca de 2001
Jogo Icehouse

Tênis de mesa
J. Jaques & Son, cerca de 1890
Esporte

Thunderstorm
Tradicional
Jogo de dados

Pega-pega
Tradicional
Jogo físico

jogo da pulga
Joseph Assheton Fincher, 1888
Jogo físico

Tanktics
Chris Crawford, 1978
Jogo de computador

Time Crisis
Namco, 1996
Jogo arcade; Jogo de console

Tekken
Namco, 1995
Jogo arcade; Jogo de console

Tomb Raider (série)
Core Design, 1996
Jogo de console; Jogo de computador

Telefone
Tradicional
Jogo social

Tony Hawk Pro Skater (série)
Neversoft Entertainment, 1999
Jogo de console

Total Annihilation
Cavedog Entertainment, 1997
Jogo de computador

Vampiro
New Games Movement, cerca de 1976
Jogo físico

Toys
Eric Zimmerman, 2000
Jogo social

Vampiro: A Máscara
White Wolf, 1992
RPG

Trivial Pursuit
Chris Haney and Scott Abbot, 1981
Jogo de tabuleiro

Tênis verbal
Tradicional
Jogo social

Twister
Charles Foley and Neil Rabens, 1966
Jogo físico

Virtua Fighter (série)
Sega, 1993
Jogo arcade; Jogo de console

Ultima (série)
Richard Garriot / Origin, 1980
Jogo de computador; Jogo on-line

Volcano
Kristin Looney, 2002
Jogo Icehouse

Um Jammer Lammy
Sony, 1999
Jogo de console

Voleibol
William G. Morgan, 1895
Esporte

Universal Square
Uri Tzaig, 1996
Esporte

War
Tradicional
Jogo de cartas

Uno
Merle Robbins, 1971
Jogo de cartas

Warcraft: Orcs and Humans (série)
Blizzard Entertainment, 1994
Jogo de computador

Unreal (série)
Epic Megagames, 1998
Jogo de computador; Jogo de console

Warhammer (série)
Games Workshop, 1983
Jogo de tabuleiro

Up the River
Manfred Ludwig, 1988
Jogo de tabuleiro

Who Wants to be a Millionaire
Celador, 1998
Programa de televisão

Wipeout (série)
Psygnosis, 1996
Jogo de console

Wreckless: The Yakuzi Missions
Bunkasha Games, 2002
Jogo de console

Wolfenstein 3D
id Software, 1992
Jogo de computador

Yatzee
Milton Bradley, 1956
Jogo de dados

You Don't Know Jack (série)
Jellyvision, 1995
Jogo de computador; Jogo on-line

Zarcana
John Cooper, 2001
Jogo Icehouse

Zaxxon
Sega, 1982
Jogo arcade

Zelda (série)
Nintendo, 1987
Jogo de console; Jogo portátil

Zendo
Kory Heath, 2001
Jogo Icehouse

Zork (série)
Marc Blank & Dave Lebling / Infocom, 1980
Jogo de computador

Referências de Pesquisa

http://www.about.com.

http://www.atariage.com.

http://boardgamegeek.com.

http://chessvariants.com.

http://www.classicgaming.com .

http://www.coinop.com.

http://www.classicgaming.com.

http://encarta.msn.com.

http://www.gamecabinet.com.

http://www.gamers.com.

http://www.gamefaq.com.

http://www.gamespot.com.

Kent, Stephen L. The Ultimate History of Video Games (Roseville, CA: Prima Publishing, 2001).

http://www.looneylabs.com.

http://www.mobygames.com.

Parlett, David. The *Oxford Dictionary of Card Games* (New York: Oxford University Press, 1992).

Parlett, David. *The Oxford History of Board Games* (New York: Oxford University Press, 1999).

Scarpone, Desi. *Board Games* (Atglen, PA: Schiffer Publishing, 1995).

ÍNDICE

Números

D

E

F

G

Pai: *... A questão é que o objetivo dessas conversas é descobrir as "regras". É como a vida — um jogo cujo propósito é descobrir as regras, que estão sempre mudando e são impossíveis de descobrir.*

Filha: *Mas eu não chamo isso de jogo, papai.*

— **Gregory Bateson,** *Steps to an Ecology of Mind*